기본을 확실하게 잡아주는

씨앤톡
주니어 중국어 2

와! 중국어
정말 재미있다!

초판 발행   2007년 04월 28일
초판 8쇄   2016년 08월 25일

저자   김정희

발행인   이진곤
발행처   씨앤톡

등록일자   2003년 5월 22일
등록번호   제 313-2003-00192호

ISBN   978-89-6098-009-9(03720)

주소   경기도 파주시 문발로 405 3층
홈페이지   www.seentalk.co.kr
전화   02-338-0092
팩스   02-338-0097

기본을 확실하게 잡아주는

씨앤톡

주니어 중국어 2

와! 중국어 정말 재미있다!

씨앤톡
See&Talk

머리말

21세기 지구촌에 가장 큰 화제는 당연히 중국의 엄청난 도약입니다. 중국의 브레이크 없는 성장은 2020년쯤 미국을 충분히 능가할 수 있는 초경제 대국의 위상을 지니게 될 것이라는 것이 전문가들의 한결같은 입장입니다. 이런 상황에서 우리는 중국어 교육의 필요성을 절실히 느끼며 좀 더 참신하고 효과적인 학습 방법이 절대적으로 요구되는 때입니다.

본 교재의 1권은 처음 중국어를 접하는 학생들이 재미있고 쉽게 공부할 수 있도록 발음을 회화보다 크게 구성하였습니다. 내용은 인사말과 숫자를 응용한 가족 묻기, 나이 묻기, 시간 표현, 날짜 · 요일, 전화 번호 묻기 등 기본 생활 회화를 중심으로 어렵지 않게 학습할 수 있도록 구성했습니다.

본 교재의 2권은 회화 위주로, 1권에서 익힌 기본 발음과 성조를 기초로 하여 좀 더 많은 어휘와 문장을 공부할 수 있도록 내용을 구성했습니다. 놀이문화, 꿈, 특기, 직업, 색깔 우리에게 익숙한 속담 등을 쉽고 생동감 있게 익혀 중국어로 '나'를 소개할 수 있는 자신감을 키울 수 있도록 하였습니다.

언어는 듣기, 말하기, 읽기, 쓰기의 4가지 영역을 동시에 향상시켜야 하는 원칙 아래 본 교재는 모든 영역을 충실히 공부할 수 있도록 워크북을 통한 응용력 향상에도 주력하였습니다.

본 교재가 중국어를 배우는 학생들에게 훌륭한 중국어를 표현할 수 있는 든든한 밑거름이 되기를 희망합니다.

마지막으로 많은 독자 여러분들의 격려와 아낌없는 비판을 기다리겠습니다.

2007년 4월 김정희

목 차

구성 및 특징

씨앤톡 주니어 중국어 2편은 총12과로 구성되어 있으며 중간에 배운 내용으로 자기소개를 해 보는 부분과 한 편의 동화로 구성되어 있습니다.

한 과는 즐거운 기본회화, 콕콕 Point, 탄탄 회화연습, 쑥쑥 테스트, 술술 읽기로 구성되어 있습니다.

즐거운 기본회화

길지 않은 회화문을 통해 그 과에서 가장 핵심이 되는 문형 및 표현을 익힐 수 있습니다.

콕콕 Point

즐거운 기본회화에 나온 문형을 바탕으로 알아두어야 할 내용을 콕콕 찍어 알기 쉽게 설명했습니다.

주제별 주요 단어는 중국어 학습에 흥미를 더해줄 수 있도록 그림으로 엮었습니다.

탄탄 회화연습

즐거운 기본회화에 나온 핵심문형 및 표현을 따로 연습할 수 있게 꾸몄습니다.

학생들이 많이 쓰는 회화표현만 골라 넣어 흥미롭게 학습할 수 있습니다.

쑥쑥 테스트

발음과 듣기, 회화 연습에 중점을 두어
구성하였습니다. 워크북과 함께 보면서
연습하세요. 쓰기 연습은 워크북에서 해
볼 수 있습니다.

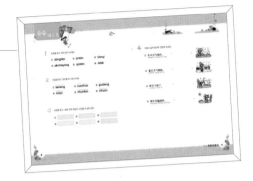

워크북

병음 쓰기와 한자 쓰기에 중점을 두어 구
성했습니다. 한 과를 모두 학습한 후에
워크북으로 복습해 보세요.

워크북 쓰기 연습

한자와 중국어 간체자를 비교하며 쓰기
연습을 할 수 있게 만든 공간입니다.
큰 소리로 읽는 연습과 한자 쓰기 연습을
동시에 해 보세요.

술술 읽기

큰 소리로 읽으면서 연습하세요. 중국어
를 처음 배울 때에는 발음이 무척 중요하
므로 큰 소리로 자꾸 읽어보는 연습이 필
요합니다. 기본 문장을 확장형식으로 꾸
며서 문형도 함께 익힐 수 있습니다.

자기 소개

6과까지 배운 내용으로 자기 소개를 해
보는 부분입니다. 주인공이 자기 소개하
는 모습을 보고 따라해 보면 중국어로 멋
지게 자신에 대해 이야기해 볼 수 있을
거예요.

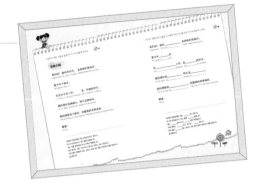

동화

백설공주 이야기를 중국어 동화로 꾸몄
습니다. 배웠던 단어를 많이 사용하여 어
렵지 않게 엮었으니 재미있게 학습해 보
세요.

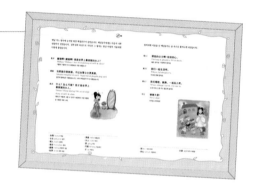

노래

중국어를 배우면 중국어 노래도 한두 곡
할 수 있어야겠지요? 쉽고 재미있는 동
요 한 곡과 에델바이스 노래를 실었습니
다. 들으면서 따라해 보세요.

我喜欢春天。

Wǒ xǐhuan chūntiān.

나는 봄을 좋아해.

▶ 날씨 물어 보기
▶ 날씨 표현하기
▶ 계절, 날씨 단어 익히기

회화공부 즐거운 기본회화

丹丹　一年有几个季节?
Yì nián yǒu jǐ ge jìjié?
일 년은 몇 계절이 있니?

欢喜　一年有四个季节。
Yì nián yǒu sì ge jìjié.
일 년은 사계절이 있어.

春天、夏天、秋天、冬天。
Chūntiān、 xiàtiān、 qiūtiān、 dōngtiān.
봄, 여름, 가을, 겨울.

 02

단어공부

- 季节 jìjié 계절
- 春天 chūntiān 봄
- 夏天 xiàtiān 여름
- 秋天 qiūtiān 가을
- 冬天 dōngtiān 겨울

丹丹 **你喜欢哪个季节？**
Nǐ xǐhuan nǎ ge jìjié?
넌 어느 계절을 좋아하니?

欢喜 **我喜欢春天。**
Wǒ xǐhuan chūntiān.
난 봄을 좋아해.

春天很暖和。
Chūntiān hěn nuǎnhuo.
봄은 매우 따뜻해.

- **喜欢** xǐhuan 좋아하다
- **暖和** nuǎnhuo 따뜻하다

콕콕Point

1

一年有几个季节？ Yì nián yǒu jǐ ge jìjié?

계절에 대해 묻는 표현입니다. 의문사 '几 jǐ' 자리에 숫자를 사용해 대답합니다.

2

你喜欢哪个季节？ Nǐ xǐhuan nǎ ge jìjié?

'哪 nǎ'는 "어느"라는 뜻으로 여러 가지 중에서 어떤 것을 선택할 때 사용합니다.

예 你喜欢哪个歌手？ Nǐ xǐhuan nǎ ge gēshǒu? 너는 어느 가수를 좋아하니?

你喜欢哪本书？ Nǐ xǐhuan nǎ běn shū? 너는 어느 책을 좋아하니?

3 계절과 날씨

•下雨 xià yǔ 비가 내리다

•冬天 dōngtiān 겨울

•刮风 guāfēng 바람이 불다

•春天 chūntiān 봄

•夏天 xiàtiān 여름

•秋天 qiūtiān 가을

4 날씨

雷阵雨
léizhènyǔ
소나기

闪电
shǎndiàn
번개치다

打雷
dǎléi
천둥

晴天
qíngtiān
맑은 날

热
rè
덥다

凉快
liángkuai
시원하다

暖和
nuǎnhuo
따뜻하다

下雪
xià xuě
눈 내리다

冷
lěng
춥다

탄탄 회화연습

03

 날씨 물어보기   天气怎么样? 날씨 어때?

1 朋友1 **昨天天气怎么样?**
Zuótiān tiānqì zěnmeyàng?

朋友2 **昨天下雨了。**
Zuótiān xiàyǔ le.

어제 날씨 어땠니?
어제는 비가 왔어.

2 朋友1 **今天天气好吗?**
Jīntiān tiānqì hǎo ma?

朋友2 **今天天气很好。**
Jīntiān tiānqì hěn hǎo.

오늘 날씨는 어때?
오늘 날씨는 매우 좋아.

3 朋友1 **明天天气好不好?**
Míngtiān tiānqì hǎo bu hǎo?

朋友2 **明天可能刮风。**
Míngtiān kěnéng guāfēng.

내일 날씨는 어때?
내일은 아마 바람이 불 것 같아.

04

단어공부

- 天气 tiānqì 날씨
- 怎么样 zěnmeyàng 어떠하냐
- 下雨 xiàyǔ 비가 내리다
- 了 le 어기조사
- 可能 kěnéng 아마도
- 刮风 guāfēng 바람이 불다

날씨 표현하기 天气很~ 날씨가 매우 ~하다

1 朋友1 夏天天气怎么样?
Xiàtiān tiānqì zěnmeyàng?

朋友2 夏天天气很热。
Xiàtiān tiānqì hěn rè.

여름 날씨는 어떠니?
여름은 매우 더워.

2 朋友1 秋天天气怎么样?
Qiūtiān tiānqì zěnmeyàng?

朋友2 秋天天气很凉快。
Qiūtiān tiānqì hěn liángkuai.

가을 날씨는 어떠니?
가을은 매우 시원해.

3 朋友1 冬天天气怎么样?
Dōngtiān tiānqì zěnmeyàng?

朋友2 冬天天气很冷。
Dōngtiān tiānqì hěn lěng.

겨울 날씨는 어떠니?
겨울은 매우 추워.

● 热 rè 덥다　　　● 冷 lěng 춥다
● 凉快 liángkuai 시원(쌀쌀)하다

05

쑥쑥 테스트

1 녹음을 듣고 따라 읽어 보세요.

① dōngtiān　　② jīntiān　　③ yì nián

④ zěnmeyàng　　⑤ qiūtiān　　⑥ zuótiān

2 녹음을 듣고 성조를 표기해 보세요.

① keneng　　② nuanhuo　　③ guafeng

④ xiayu　　⑤ chuntian　　⑥ xihuan

3 녹음을 듣고 ■■ 칸에 병음과 성조를 써 넣으세요.

①　　　　②　　　　③

④　　　　⑤　　　　⑥

4   그림과 일치하도록 연결해 보세요.

① 冬天天气很冷。
　　Dōngtiān tiānqì hěn lěng.

② 夏天天气很热。
　　Xiàtiān tiānqì hěn rè.

③ 昨天下雨了。
　　Zuótiān xiàyǔ le.

④ 明天可能刮风。
　　Míngtiān kěnéng guāfēng.

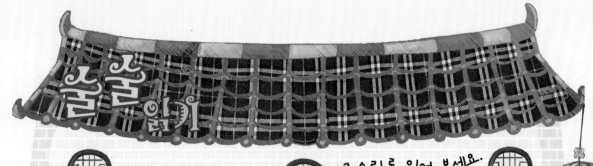

  큰 소리로 읽어 보세요.

 06

● 확장연습 ●

热 rè	덥다
很热 hěn rè	매우 덥다
天气很热 tiānqì hěn rè	날씨가 매우 덥다
夏天天气很热。 Xiàtiān tiānqì hěn rè.	여름 날씨가 매우 덥다.

冷 lěng	춥다
很冷 hěn lěng	매우 춥다
天气很冷 tiānqì hěn lěng	날씨가 매우 춥다
冬天天气很冷。 Dōngtiān tiānqì hěn lěng.	겨울 날씨가 매우 춥다.

堆雪人很好玩。

Duī xuěrén hěn hǎowánr.

눈사람을 만드는 건 정말 재미있어.

▶ 상대방의 의견 물어보기

▶ 좋고 싫음 표현하기

▶ 스포츠 및 여가 활동

07

회화공부 · 즐거운 기본회화

欢喜 **你看, 外面下雪了。**
Nǐ kàn, wàimian xiàxuě le.
저기 봐, 밖에 눈이 내려.

丹丹 **哇! 真漂亮!**
Wā! Zhēn piàoliang!
왜 정말 예쁘다!

欢喜 **我们去堆雪人, 好不好?**
Wǒmen qù duī xuěrén, hǎo bu hǎo?
우리 눈사람 만들자, 어때?

丹丹 **好啊。 堆雪人很好玩儿。**
Hǎo a. Duī xuěrén hěn hǎowánr.
좋아. 눈사람을 만드는 건 정말 재미있어.

 08

단어공부

- 看 kàn 보다
- 外面 wàimian 밖
- 下雪 xiàxuě 눈이 내리다
- 漂亮 piàoliang 예쁘다

- 哇 wā 와우(감탄사)
- 堆 duī 쌓다
- 雪人 xuěrén 눈사람
- 好玩儿 hǎowánr 재미있다

欢喜 **我们去滑雪，好吗?**
Wǒmen qù huáxuě, hǎo ma?

우리 스키 타러 가자, 어때?

丹丹 **我不喜欢滑雪。**
Wǒ bù xǐhuan huáxuě.

난 스키 타는 거 좋아하지 않아.

• 滑雪 huáxuě 스키 타다

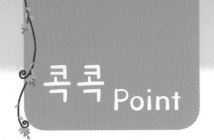

콕콕 Point

1 外面下雪了。 Wàimian xiàxuě le.

'了 le'는 문장 끝에 쓰인 어기조사로 어떤 상황이 이미 출현했음을 표현합니다.

2 好不好? hǎo bu hǎo?

"어때?"의 뜻으로 상대방의 의견을 물을 때 사용합니다. '好吗 hǎo ma?'도 같은 의미로 쓰입니다.

예 我们去看电影, 好不好? 우리 영화 보러 가는 게 어때?
　 Wǒmen qù kàn diànyǐng, hǎo bu hǎo?

　 =我们去看电影, 好吗?
　 Wǒmen qù kàn diànyǐng, hǎo ma?

3 我不喜欢滑雪。 Wǒ bù xǐhuan huáxuě.

'喜欢'은 "~을 좋아한다"라는 의미입니다. "좋아한다"는 어감을 강하게 나타낼 때는 '爱 ài'를 사용합니다.

예 我爱滑雪。 Wǒ ài huáxuě. 나는 스키 타는 것을 좋아한다.

4 스포츠 및 여가 활동

打雪仗
dǎ xuězhàng
눈싸움하다

放风筝
fàng fēngzheng
연날리기

足球
zúqiú
축구

爬山
páshān
등산

堆雪人
duī xuěrén
눈사람 만들기

羽毛球
yǔmáoqiú
배드민턴

网球
wǎngqiú
테니스

游泳
yóuyǒng
수영

乒乓球
pīngpāngqiú
탁구

탄탄 회화연습

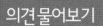 의견 물어보기

~好不好? / 好吗? 어때?

1 朋友1 **我们去打雪仗，好不好?**
Wǒmen qù dǎ xuězhàng, hǎo bu hǎo?

朋友2 **好啊。一定很好玩儿。**
Hǎo a.　Yídìng hěn hǎo wánr.

우리 눈싸움 할래?
좋아. 분명 재미있을 거야.

2 朋友1 **我们一起抓石子儿，好吗?**
Wǒmen yìqǐ zhuā shízir, hǎo ma?

朋友2 **不行。今天作业很多。**
Bùxíng.　Jīntiān zuòyè hěn duō.

우리 같이 공기놀이 할래?
안 돼. 오늘은 숙제가 많아.

3 朋友1 **我们一起去放风筝，好不好?**
Wǒmen yìqǐ qù fàng fēngzheng, hǎo bu hǎo?

朋友2 **不行。风太大了。**
Bùxíng.　Fēng tài dà le.

우리 같이 연날리기 할래?
안 돼. 바람이 너무 세게 불어.

10

 단어공부

- **打** dǎ 하다
- **雪仗** xuězhàng 눈싸움
- **一定** yídìng 반드시
- **一起** yìqǐ 함께, 같이

- **抓** zhuā 잡다
- **石子儿** shízir 공기
- **不行** bùxíng 안 돼
- **放风筝** fàng fēngzheng 연날리다

좋고 싫음 표현하기 喜欢/爱 좋아하다

1 朋友1 **你喜欢什么运动?**
Nǐ xǐhuan shénme yùndòng?

朋友2 **我喜欢打乒乓球。**
Wǒ xǐhuan dǎ pīngpāngqiú.

넌 어떤 운동을 좋아하니?
난 탁구를 좋아해.

2 朋友1 **你喜欢踢足球吗?**
Nǐ xǐhuan tī zúqiú ma?

朋友2 **我很喜欢踢足球。**
Wǒ hěn xǐhuan tī zúqiú.

넌 축구하는 거 좋아하니?
난 축구하는 거 좋아해.

3 朋友1 **你爱不爱爬山?**
Nǐ ài bu ài páshān?

朋友2 **我不爱爬山。**
Wǒ bú ài páshān.

넌 등산을 좋아하니?
난 등산을 좋아하지 않아.

- 运动 yùndòng 운동
- 乒乓球 pīngpāngqiú 탁구
- 踢 tī 차다
- 足球 zúqiú 축구
- 爱 ài ~하기를 좋아하다
- 爬山 páshān 등산

쑥쑥 테스트

1 녹음을 듣고 따라 읽어 보세요.

① tī　　　　② zúqiú　　　　③ yìqǐ

④ fàng　　　⑤ yóuyǒng　　⑥ pīngpāngqiú

2 녹음을 듣고 성조를 표기해 보세요.

① xueren　　② dui　　　　③ fengzheng

④ huaxue　　⑤ zhua　　　⑥ xuezhang

3 녹음을 듣고 ▆▆ 칸에 병음과 성조를 써 넣으세요.

①　　　　　　②　　　　　　③

④　　　　　　⑤　　　　　　⑥

4 그림에 맞는 놀이의 단어와 발음을 써 보세요.

①

②

③

5 그림과 중국어가 일치하면 ○표, 일치하지 않으면 ×표 하세요.

①

난 탁구 싫어.

我喜欢打乒乓球。
Wǒ xǐhuan dǎ pīngpāngqiú.

( )

②

난 등산 싫어해.

我不爱爬山。
Wǒ bú ài páshān.

( )

③

난 축구를 좋아해.

我喜欢踢足球。
Wǒ xǐhuan tī zúqiú.

( )

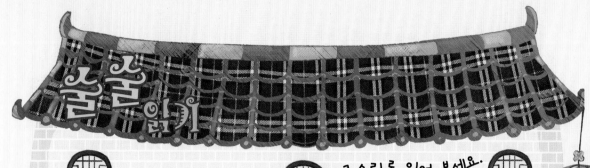

  큰소리로 읽어 보세요.

🔘 12

확장연습

足球 zúqiú	축구
踢足球 tī zúqiú	축구를 하다
喜欢踢足球 xǐhuan tī zúqiú	축구하는 것을 좋아한다
很喜欢踢足球 hěn xǐhuan tī zúqiú	축구하는 것을 매우 좋아한다
我很喜欢踢足球。 Wǒ hěn xǐhuan tī zúqiú.	나는 축구하는 것을 매우 좋아한다.

乒乓球 pīngpāngqiú	탁구
打乒乓球 dǎ pīngpāngqiú	탁구를 치다
喜欢打乒乓球 xǐhuan dǎ pīngpāngqiú	탁구치는 것을 좋아한다
不喜欢打乒乓球 bù xǐhuan dǎ pīngpāngqiú	탁구치는 것을 좋아하지 않는다
他不喜欢打乒乓球。 Tā bù xǐhuan dǎ pīngpāngqiú.	그는 탁구치는 것을 좋아하지 않는다.

3_과

我最怕打针。

Wǒ zuì pà dǎzhēn.

난 주사 맞는 게 제일 무서워.

▶ 건강 상태 묻기
▶ 권유 · 명령 표현하기
▶ 신체 단어 익히기

🔘 13

丹丹 怎么了?
Zěnme le?
왜 그러니?

欢喜 我感冒了。
Wǒ gǎnmào le.
감기 걸렸어.

丹丹 哪儿不舒服?
Nǎr bù shūfu?
어디가 아프니?

欢喜 我发烧，头疼。
Wǒ fāshāo, tóuténg.
열 나고, 머리가 아파.

🔘 14

단어공부

- 怎么 zěnme 왜, 어째서
- 感冒 gǎnmào 감기 걸리다
- 舒服 shūfu 편안하다
- 发烧 fāshāo 열이 나다
- 头疼 tóuténg 머리 아프다

丹丹 **你去医院看看吧。**
Nǐ qù yīyuàn kànkan ba.

병원에 한번 가 보렴.

欢喜 **我不去。　我最怕打针。**
Wǒ bú qù.　Wǒ zuì pà dǎzhēn.

안 갈래.　난 주사 맞는 게 제일 무서워.

- 医院 yīyuàn 병원
- 最 zuì 가장, 제일
- 怕 pà 무서워하다

- 打针 dǎzhēn 주사 맞다

콕콕 Point

1

怎么了? Zěnme le?

의문대명사 '怎么 zěnme'는 원인이나 이유를 물을 때 사용하고, '怎么了? zěnme le?'는 무슨 일인지 물을 때 사용합니다.

2

哪儿不舒服? Nǎr bù shūfu?

어디가 불편한지를 묻고 있는데 일반적으로 "어디가 아프니?"라는 뜻으로 쓰입니다.

3

你去医院看看吧。 Nǐ qù yīyuàn kànkan ba.

'吧 ba'는 권유·청유·명령을 나타내는 어기조사입니다.

> 예 我们去图书馆吧。 우리 도서관에 가자.(청유)
> Wǒmen qù túshūguǎn ba.
>
> 给我吧。 나에게 줘.(명령)
> Gěi wǒ ba.

속담배우기

시간은 금이다.

一刻值千金。
Yí kè zhí qiānjīn.

4 신체

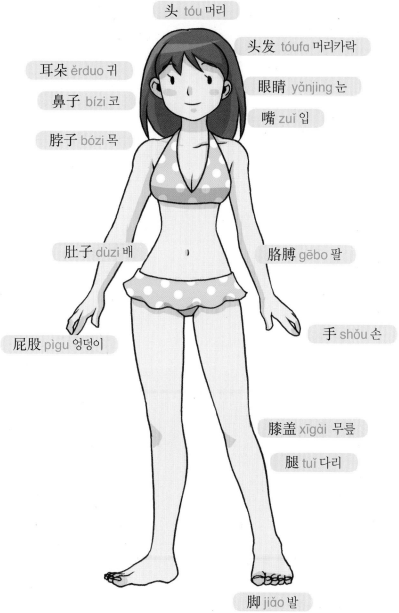

头 tóu 머리

头发 tóufa 머리카락

眼睛 yǎnjing 눈

嘴 zuǐ 입

耳朵 ěrduo 귀

鼻子 bízi 코

脖子 bózi 목

肚子 dùzi 배

胳膊 gēbo 팔

屁股 pigu 엉덩이

手 shǒu 손

膝盖 xīgài 무릎

腿 tuǐ 다리

脚 jiǎo 발

탄탄 회화연습

 15

건강 물어보기	**哪儿不舒服?** 어디 아프니? **怎么了?** 왜 그러니?

1 朋友1 **你哪儿不舒服?**
Nǐ nǎr bù shūfu?

朋友2 **我头晕，肚子疼。**
Wǒ tóuyūn, dùzi téng.

어디가 아프니?
머리가 어지럽고, 배가 아파.

2 朋友1 **你身体不舒服吗?**
Nǐ shēntǐ bù shūfu ma?

朋友2 **对，我流鼻涕，咳嗽。**
Duì, wǒ liú bítì, késou.

몸이 아프니?
응, 콧물이 흐르고, 기침이 나.

3 朋友1 **你怎么了?**
Nǐ zěnme le?

朋友2 **我得了重感冒。**
Wǒ dé le zhòng gǎnmào.

왜 그러니?
독감에 걸렸어.

  16

단어공부

- 头晕 tóuyūn 머리가 어지럽다
- 肚子 dùzi 배
- 疼 téng 아프다
- 对 duì 맞다
- 流 liú 흐르다
- 鼻涕 bítì 콧물
- 咳嗽 késou 기침하다
- 得 dé 얻다
- 重 zhòng 심하다, 무겁다

36

권유·명령 표현하기 你去~吧 가서 ~해

1 朋友1 **你去洗手吧。**
Nǐ qù xǐshǒu ba.

朋友2 **好的。我最爱干净。**
Hǎo de. Wǒ zuì ài gānjìng.

가서 손 씻어.
응. 난 깨끗한 게 제일 좋아.

2 朋友1 **你去洗脸吧。**
Nǐ qù xǐliǎn ba.

朋友2 **我马上就去。**
Wǒ mǎshàng jiù qù.

가서 세수해.
바로 갈게.

3 朋友1 **你去刷牙吧。**
Nǐ qù shuā yá ba.

朋友2 **我等一下去。**
Wǒ děng yíxià qù.

가서 양치해.
이따가 할게.

- 洗 xǐ 씻다
- 手 shǒu 손
- 干净 gānjìng 깨끗하다
- 脸 liǎn 얼굴
- 马上 mǎshàng 곧, 즉시

- 就 jiù 곧, 바로
- 刷牙 shuā yá 양치하다
- 等 děng 기다리다
- 一下 yíxià 잠시

37

쑥쑥 테스트

1 녹음을 듣고 따라 읽어 보세요.

① zěnme ② fāshāo ③ xǐliǎn

④ shēntǐ ⑤ tóuténg ⑥ yíxià

2 녹음을 듣고 성조를 표기해 보세요.

① ganmao ② kesou ③ xishou

④ mashang ⑤ biti ⑥ ganjing

3 녹음을 듣고 ■■ 칸에 병음과 성조를 써 넣으세요.

① ② ③

④ ⑤ ⑥

4 문장과 그림을 바르게 연결해 보세요.

① 奶奶发烧，头疼。
Nǎinai fāshāo, tóuténg.

② 妹妹喜欢刷牙。
Mèimei xǐhuan shuā yá.

③ 弟弟流鼻涕。
Dìdi liú bítì.

④ 哥哥肚子疼。
Gēge dùzi téng.

● 확장연습

打针 dǎzhēn	주사 맞다
怕打针 pà dǎzhēn	주사 맞는 게 무섭다
最怕打针 zuì pà dǎzhēn	주사 맞는 게 가장 무섭다
妹妹最怕打针。 Mèimei zuì pà dǎzhēn.	여동생은 주사 맞는 걸 가장 무서워한다.
舒服 shūfu	편안하다
不舒服 bù shūfu	편안하지 않다
哪儿不舒服 nǎr bù shūfu	어디가 불편하니
你哪儿不舒服? Nǐ nǎr bù shūfu?	너 어디가 불편하니(아프니)?

40

4과

你的理想是什么?

Nǐ de lǐxiǎng shì shénme?

너의 꿈은 뭐니?

▶ 장래희망 물어보기
▶ 바람의 표현
▶ 직업 단어 익히기

19

丹丹 **你有理想吗?**

Nǐ yǒu lǐxiǎng ma?

넌 꿈이 있니?

欢喜 **当然有。**

Dāngrán yǒu.

물론이지.

丹丹 **你的理想是什么?**

Nǐ de lǐxiǎng shì shénme?

너의 꿈은 뭐니?

欢喜 **我的理想是当总统。**

Wǒ de lǐxiǎng shì dāng zǒngtǒng.

난 대통령이 되고 싶어.

 20

- **理想** lǐxiǎng 꿈
- **当然** dāngrán 당연하다
- **当** dāng ～가 되다
- **总统** zǒngtǒng 대통령

42

丹丹　**希望你美梦成真。**
Xīwàng nǐ měimèng chéngzhēn.

너의 꿈이 이루어지길 바래.

欢喜　**但愿如此。**
Dànyuàn rúcǐ.

그렇게 됐으면 좋겠어.

- **希望** xīwàng 바라다
- **美梦** měimèng 멋진 꿈
- **成真** chéngzhēn 이루어지다

- **但愿如此** dànyuàn rúcǐ
  그렇게 되길 바라다

콕콕 Point

1 你的理想是什么? Nǐ de lǐxiǎng shì shénme?

꿈이 무엇인지 묻는 표현입니다. 대답할 때에는 '当 dāng (~가 되다)'을 사용하여 표현합니다.

2 希望你美梦成真。 Xīwàng nǐ měimèng chéngzhēn.

'希望 xīwàng'은 "바라다, 희망한다"의 뜻으로 이 문장에서는 상대방의 꿈이나 바람이 실현되기를 바란다는 표현입니다.

예 我希望你当总统。 나는 네가 대통령이 되길 바래.
　　Wǒ xīwàng nǐ dāng zǒngtǒng.

3 但愿如此。 Dànyuàn rúcǐ.

'但愿 dànyuàn'은 "단지 ~을 원하다"라는 뜻이고 '如此 rúcǐ'는 "이와 같다"라는 뜻으로 "꼭 그렇게 되길 바란다"는 뜻입니다.

> **속담배우기**
>
> 실패는 성공의 어머니.
>
> **失败为成功之母。**
> Shībài wéi chénggōng zhī mǔ.

4 직업

警察
jǐngchá
경찰

公司职员
gōngsī zhíyuán
회사원

画家
huàjiā
화가

护士
hùshi
간호사

大夫
dàifu
의사

厨师
chúshī
요리사

歌手
gēshǒu
가수

老师
lǎoshī
선생님

司机
sījī
운전사

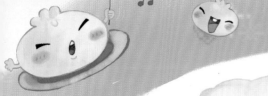

탄탄 회화연습

 장래희망 물어보기

理想 / 想干什么? 꿈 / 뭘 하고 싶니?

1

朋友1 **你的理想是什么?**
Nǐ de lǐxiǎng shì shénme?

朋友2 **我的理想是当演员。**
Wǒ de lǐxiǎng shì dāng yǎnyuán.

너의 꿈은 뭐니?
내 꿈은 연예인이 되는 거야.

2

朋友1 **你长大了想干什么?**
Nǐ zhǎngdà le xiǎng gàn shénme?

朋友2 **我想当空中小姐。**
Wǒ xiǎng dāng kōngzhōng xiǎojiě.

넌 커서 뭘 하고 싶어?
난 스튜어디스가 되고 싶어.

3

朋友1 **你以后想干什么?**
Nǐ yǐhòu xiǎng gàn shénme?

朋友2 **我想当科学家。**
Wǒ xiǎng dāng kēxuéjiā.

넌 앞으로 뭘 하고 싶어?
난 과학자가 되고 싶어.

22

단어공부

- 演员 yǎnyuán 연예인
- 长大 zhǎngdà 자라다
- 干 gàn 하다

- 空中小姐 kōngzhōng xiǎojiě 스튜어디스
- 以后 yǐhòu 앞으로, 이후에
- 科学家 kēxuéjiā 과학자

바람의 표현 | 但愿如此。 그렇게 됐으면 좋겠어.

1 朋友1 **希望你考试得第一名。**
Xīwàng nǐ kǎoshì dé dì - yī míng.

朋友2 **但愿如此。**
Dànyuàn rúcǐ.

네가 시험에서 1등 하기를 바란다.
그렇게 됐으면 좋겠어.

2 朋友1 **希望你成为优秀的音乐家。**
Xīwàng nǐ chéngwéi yōuxiù de yīnyuèjiā.

朋友2 **但愿如此。**
Dànyuàn rúcǐ.

네가 훌륭한 음악가가 되길 바란다.
그렇게 됐으면 좋겠어.

3 朋友1 **希望你拿奖学金。**
Xīwàng nǐ ná jiǎngxuéjīn.

朋友2 **但愿如此。**
Dànyuàn rúcǐ.

네가 장학금을 받길 바란다.
그렇게 됐으면 좋겠어.

- **考试** kǎoshì 시험보다
- **第一名** dì - yī míng 1등
- **成为** chéngwéi ~이 되다
- **优秀** yōuxiù 우수하다
- **音乐家** yīnyuèjiā 음악가
- **拿** ná 받다, 가지다
- **奖学金** jiǎngxuéjīn 장학금

쑥쑥 테스트

1 녹음을 듣고 따라 읽어 보세요.

① kōngzhōng　② rúcǐ　③ chéngzhēn

④ dànyuàn　⑤ dì-yī míng　⑥ gàn

2 녹음을 듣고 성조를 표기해 보세요.

① xiwang　② lixiang　③ meimeng

④ jiangxuejin　⑤ zhangda　⑥ yihou

3 녹음을 듣고 ▇▇ 칸에 병음과 성조를 써 넣으세요.

①　　　　②　　　　③

④　　　　⑤　　　　⑥

 4 그림에 맞는 단어와 병음을 써 보세요.

①

②

③

5 다음 중국어와 한국어가 일치되도록 바르게 연결하세요.

① 希望你拿奖学金。　　　●　　　　　● 나의 꿈은 연예인이 되는 거야.
　Xīwàng nǐ ná jiǎngxuéjīn.

② 我的理想是当演员。　　　●　　　　　● 난 꿈이 있다.
　Wǒ de lǐxiǎng shì dāng yǎnyuán.

③ 我有理想。　　　　　　　●　　　　　● 네가 장학금을 받길 바란다.
　Wǒ yǒu lǐxiǎng.

  큰소리로 읽어 보세요. 24

● 확장연습

科学家
kēxuéjiā

과학자

当科学家
dāng kēxuéjiā

과학자가 되다

想当科学家
xiǎng dāng kēxuéjiā

과학자가 되고 싶다

我想当科学家。
Wǒ xiǎng dāng kēxuéjiā.

나는 과학자가 되고 싶다.

成真
chéngzhēn

이루어지다

美梦成真
měimèng chéngzhēn

멋진 꿈이 이루어지다

你美梦成真
nǐ měimèng chéngzhēn

너의 멋진 꿈이 이루어지다

希望你美梦成真。
Xīwàng nǐ měimèng chéngzhēn.

너의 멋진 꿈이 이루어지길 바란다.

5과

我妈妈是护士。
Wǒ māma shì hùshi.

우리 엄마는 간호사야.

▶ 직업 물어 보기

▶ 직장 물어보기

▶ 장소 배우기

회화공부 즐거운 기본회화

欢喜　**你爸爸做什么工作？**
Nǐ bàba zuò shénme gōngzuò?
너의 아빠는 무슨 일을 하시니?

丹丹　**我爸爸是大夫。**
Wǒ bàba shì dàifu.
우리 아빠는 의사야.

欢喜　**你妈妈呢？**
Nǐ māma ne?
너의 엄마는?

丹丹　**我妈妈是护士。**
Wǒ māma shì hùshi.
우리 엄마는 간호사야.

26

단어공부
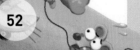

- 工作 gōngzuò 일, 일하다
- 大夫(医生) dàifu(yīshēng) 의사
- 护士 hùshi 간호사

欢喜 **你哥哥在哪儿工作?**
Nǐ gēge zài nǎr gōngzuò?

너의 오빠는 어디에서 일하니?

丹丹 **我哥哥在银行工作。**
Wǒ gēge zài yínháng gōngzuò.

우리 오빠는 은행에서 일해.

- 在 zài ~에서
- 银行 yínháng 은행

1 你爸爸做什么工作? Nǐ bàba zuò shénme gōngzuò?

직업을 묻는 표현입니다. 대답은 '是 shì'를 사용하여 표현합니다.

예 我爸爸是医生。 우리 아빠는 의사야.
Wǒ bàba shì yīshēng.

2 你哥哥在哪儿工作? Nǐ gēge zài nǎr gōngzuò?

직장을 묻는 표현입니다. 대답은 장소를 묻는 의문사 '哪儿 nǎr' 위치에 일하는 곳을 넣어 표현합니다.

예 我哥哥在餐厅工作。 우리 형은 식당에서 일해.
Wǒ gēge zài cāntīng gōngzuò.

예 我爸爸在公司工作。 우리 아빠는 회사에서 일해.
Wǒ bàba zài gōngsī gōngzuò.

속담배우기

뛰는 놈 위에 나는 놈 있다.

人上有人，天上有天。
Rén shàng yǒu rén, tiān shàng yǒu tiān.

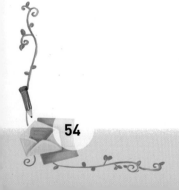

³ 장소

은행
银行 yínháng

호텔
饭店 fàndiàn / 酒店 jiǔdiàn

주유소
加油站 jiāyóuzhàn

서점
书店 shūdiàn

커피숍
咖啡店 kāfēidiàn

약국
药店 yàodiàn / 药房 yàofáng

식당
餐厅 cāntīng

노래방
卡拉OK kǎlā'ōukēi

신발가게
鞋店 xiédiàn

탄탄 회화연습

 **직업 물어보기**   做什么工作? 무슨 일을 하니?

---

1   朋友1   **你哥哥做什么工作?**
　　　　Nǐ gēge zuò shénme gōngzuò?

　　　朋友2   **我哥哥是厨师。**
　　　　Wǒ gēge shì chúshī.

너의 오빠는 무슨 일을 하니?
우리 오빠는 요리사야.

2   朋友1   **你姐姐做什么工作?**
　　　　Nǐ jiějie zuò shénme gōngzuò?

　　　朋友2   **她是公务员。**
　　　　Tā shì gōngwùyuán.

너의 언니는 무슨 일을 하니?
그녀는 공무원이야.

3   朋友1   **你弟弟做什么工作?**
　　　　Nǐ dìdi zuò shénme gōngzuò?

　　　朋友2   **他是警察。**
　　　　Tā shì jǐngchá.

네 남동생은 무슨 일을 하니?
그는 경찰이야.

28

단어공부

● 厨师 chúshī 요리사　　　● 警察 jǐngchá 경찰
● 公务员 gōngwùyuán 공무원

 **直장 물어보기** **在哪儿工作?** 어디에서 일하니?

---

1 朋友1 **你爸爸在哪儿工作?**
Nǐ bàba zài nǎr gōngzuò?

朋友2 **他在药店工作。**
Tā zài yàodiàn gōngzuò.

너의 아빠는 어디에서 일하시니?
약국에서 일하셔.

2 朋友1 **你朋友在哪儿工作?**
Nǐ péngyou zài nǎr gōngzuò?

朋友2 **我朋友在书店工作。**
Wǒ péngyou zài shūdiàn gōngzuò.

네 친구는 어디에서 일하니?
내 친구는 서점에서 일해.

3 朋友1 **你妹妹在哪儿上学?**
Nǐ mèimei zài nǎr shàngxué?

朋友2 **她在首尔中学上学。**
Tā zài Shǒu'ěr zhōngxué shàngxué.

네 여동생은 어느 학교를 다니니?
그녀는 서울 중학교에 다녀.

● 药店 yàodiàn 약국　　　● 上学 shàngxué 등교하다/학교 다니다
● 书店 shūdiàn 서점

쑥쑥 테스트

1 녹음을 듣고 따라 읽어 보세요.

① yīshēng   ② nǎr   ③ shénme

④ yàodiàn   ⑤ xuésheng   ⑥ Shǒu'ěr

2 녹음을 듣고 성조를 표기해 보세요.

① daifu   ② yinhang   ③ gongzuo

④ shangxue   ⑤ pengyou   ⑥ hushi

3 녹음을 듣고 ▓ 칸에 병음과 성조를 써 넣으세요.

①   ②   ③

④   ⑤   ⑥

4 문장과 그림을 바르게 연결해 보세요.

① 我弟弟是警察。
Wǒ dìdi shì jǐngchá.

② 我姐姐是护士。
Wǒ jiějie shì hùshi.

③ 我哥哥是厨师。
Wǒ gēge shì chúshī.

④ 我爸爸是大夫。
Wǒ bàba shì dàifu.

● 확장연습 ●

工作 gōngzuò	일
什么工作 shénme gōngzuò	무슨 일
做什么工作 zuò shénme gōngzuò	무슨 일을 하니
你哥哥做什么工作? Nǐ gēge zuò shénme gōngzuò?	너의 오빠는 무슨 일을 하니?
工作 gōngzuò	일한다
在书店工作 zài shūdiàn gōngzuò	서점에서 일한다
朋友在书店工作 péngyou zài shūdiàn gōngzuò	친구는 서점에서 일한다
我朋友在书店工作。 Wǒ péngyou zài shūdiàn gōngzuò.	내 친구는 서점에서 일한다.

我的爱好是看电影。

Wǒ de àihào shì kàn diànyǐng.

내 취미는 영화보기야.

- ▶ 취미 물어보기
- ▶ 특기 말하기
- ▶ 취미와 특기 단어 익히기

회화공부 · 즐거운 기본회화

欢喜　**你的爱好是什么?**
Nǐ de àihào shì shénme?
네 취미는 뭐니?

丹丹　**我的爱好是看电影。**
Wǒ de àihào shì kàn diànyǐng.
내 취미는 영화보기야.

欢喜　**看什么电影?**
Kàn shénme diànyǐng?
무슨 영화?

丹丹　**看动画片。**
Kàn dònghuàpiàn.
만화영화.

32

 단어공부

- 爱好 àihào 취미
- 看 Kàn 보다
- 电影 diànyǐng 영화
- 动画片 dònghuàpiàn 만화영화

欢喜 **你有什么特长?**
Nǐ yǒu shénme tècháng?
넌 어떤 특기가 있니?

丹丹 **我的特长是弹钢琴。**
Wǒ de tècháng shì tán gāngqín.
나의 특기는 피아노 치는 거야.

- 特长 tècháng 특기
- 弹 tán 치다
- 钢琴 gāngqín 피아노

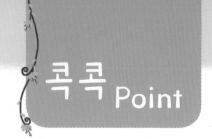

콕콕 Point

1 你的爱好是什么? Nǐ de àihào shì shénme?

취미가 무엇인지 묻는 표현입니다. '你有什么爱好? Nǐ yǒu shénme àihào?' 라고 표현할 수도 있습니다.

대답은 '喜欢 xǐhuan'이나 '是 shì'를 사용하여 말하면 됩니다.

예 我喜欢看电影。 나는 영화 보는 걸 좋아해.
Wǒ xǐhuan kàn diànyǐng.

我的爱好是看电影。 내 취미는 영화보는 거야.
Wǒ de àihào shì kàn diànyǐng.

2 你有什么特长? Nǐ yǒu shénme tècháng?

특기가 무엇인지 묻는 표현입니다. '你的特长是什么? Nǐ de tècháng shì shénme?' 라고 표현할 수도 있습니다. 대답은 '是 shì'를 사용하여 말하면 됩니다.

예 我的特长是画画儿。 내 특기는 그림 그리는 거야.
Wǒ de tècháng shì huà huàr.

속담배우기

해가 서쪽에서 뜨다.

太阳从西边出来。
Tàiyáng cóng xībiān chū lái.

3 취미 & 특기

노래 부르기
唱歌 chànggē

춤 추기
跳舞 tiàowǔ

독서
看书 kànshū

음악감상
听音乐 tīng yīnyuè

바이올린 켜기
拉小提琴 lā xiǎotíqín

플룻 불기
吹长笛 chuī chángdí

낚시
钓鱼 diàoyú

사진 찍기
拍照 pāizhào

그림 그리기
画画儿 huà huàr

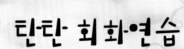 탄탄 회화연습

 취미 물어보기

爱好 취미

1 朋友1 **你的爱好是什么?**
Nǐ de àihào shì shénme?

朋友2 **我喜欢集邮。**
Wǒ xǐhuan jíyóu.

네 취미는 뭐니?
난 우표수집하는 걸 좋아해.

2 朋友1 **你有什么爱好?**
Nǐ yǒu shénme àihào?

朋友2 **我的爱好是下围棋。**
Wǒ de àihào shì xià wéiqí.

너는 무슨 취미가 있니?
내 취미는 바둑 두는 거야.

3 朋友1 **你的爱好是什么?**
Nǐ de àihào shì shénme?

朋友2 **我的爱好是看舞台剧。**
Wǒ de àihào shì kàn wǔtáijù.

네 취미는 뭐니?
내 취미는 뮤지컬 감상이야.

34

단어공부

● 集邮 jíyóu 우표수집
● 下围棋 xià wéiqí 바둑두다

● 舞台剧 wǔtáijù 뮤지컬

특기 말하기　特长 특기

1

친구1 **你的特长是什么?**
Nǐ de tècháng shì shénme?

친구2 **我的特长是画画儿。**
Wǒ de tècháng shì huà huàr.

너의 특기는 뭐니?
내 특기는 그림 그리기야.

2

친구1 **你有什么特长?**
Nǐ yǒu shénme tècháng?

친구2 **我的特长是唱歌。**
Wǒ de tècháng shì chànggē.

넌 어떤 특기가 있니?
내 특기는 노래 부르기야.

3

친구1 **你的特长是什么?**
Nǐ de tècháng shì shénme?

친구2 **我的特长是跳舞。**
Wǒ de tècháng shì tiàowǔ.

너의 특기는 뭐니?
내 특기는 춤 추는 거야.

• **画画儿** huà huàr 그림을 그리다　• **跳舞** tiàowǔ 춤을 추다

• **唱歌** chànggē 노래 부르다

쑥쑥 테스트

35

1 녹음을 듣고 따라 읽어 보세요.

① yóuyǒng ② yīnyuè ③ lǚyóu

④ diànyǐng ⑤ jíta ⑥ pāizhào

2 녹음을 듣고 성조를 표기해 보세요.

① gangqin ② aihao ③ weiqi

④ wutaiju ⑤ changge ⑥ donghuapian

3 녹음을 듣고 ▦ 칸에 병음과 성조를 써 넣으세요.

① _____ ② _____ ③ _____

④ _____ ⑤ _____ ⑥ _____

4 그림에 맞는 단어와 병음을 써 보세요.

①

②

③

5 중국어와 그림이 일치하도록 연결하세요.

① 我的特长是画画儿。
Wǒ de tècháng shì huà huàr.

② 我的爱好是听音乐。
Wǒ de àihào shì tīng yīnyuè.

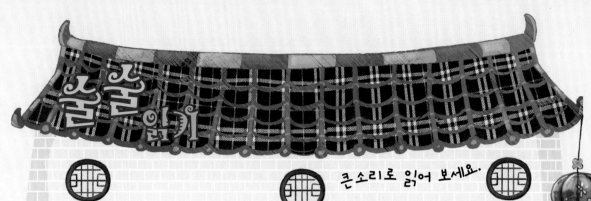

큰 소리로 읽어 보세요.

36

● 확장연습

围棋 wéiqí	바둑
下围棋 xià wéiqí	바둑을 두다
是下围棋 shì xià wéiqí	바둑 두는 거야
爱好是下围棋 àihào shì xià wéiqí	취미는 바둑 두는 거야
我的爱好是下围棋。 Wǒ de àihào shì xià wéiqí.	내 취미는 바둑 두는 거야.

歌 gē	노래
唱歌 chànggē	노래 부르다
是唱歌 shì chànggē	노래 부르는 거야
特长是唱歌 tècháng shì chànggē	특기는 노래 부르는 거야
我的特长是唱歌。 Wǒ de tècháng shì chànggē.	내 특기는 노래 부르는 거야.

自我介绍
Zìwǒ jièshào

자기소개

▶ 이름, 나이, 학년, 자신의 취미와 특기, 이후의
꿈 등 지금까지 배웠던 내용을 가지고 멋지게
자신을 소개해 보세요.

□ 지금까지 배운 내용을 활용하여 자기소개를 해 보세요.

自我介绍

你们好！我叫李丹丹。 见到你们很高兴。
Nǐmen hǎo! Wǒ jiào Lǐ Dāndān. Jiàndào nǐmen hěn gāoxìng.

我今年十四岁。
Wǒ jīnnián shísì suì.

在首尔中学上学。 是一年级的学生。
Zài Shǒu'ěr zhōngxué shàngxué. Shì yī niánjí de xuésheng.

我的爱好是画画儿，特长是弹钢琴。
Wǒ de àihào shì huà huàr, tècháng shì tán gāngqín.

我的理想是当演员。但愿我的美梦成真。
Wǒ de lǐxiǎng shì dāng yǎnyuán. Dànyuàn wǒ de měimèng chéngzhēn.

谢谢！
Xièxie!

여러분 안녕하세요! 저는 이단단이라고 합니다.
만나서 반갑습니다. 저는 올해 14살입니다.
저는 서울 중학교에 다니고 1학년 학생입니다.
저의 취미는 그림 그리기이고, 특기는 피아노 치는 것입니다.
저의 꿈은 연예인이 되는 것이고 저의 멋진 꿈이 이루어지기를 바랍니다.
감사합니다!

（略）

☐ 이번엔 자신의 상황에 맞게 자기소개를 해 보세요.

你们好! 我叫_____。见到你们很高兴。
Nǐmen hǎo!　Wǒ jiào_____.　Jiàndào nǐmen hěn gāoxìng.

我今年_____岁。
Wǒ jīnnián_____suì.

在_____上学。是_____的学生。
Zài_____shàngxué. Shì_____de xuésheng.

我的爱好是_____, 特长是_____。
Wǒ de àihào shì_____,　tècháng shì_____.

我的理想是_____。但愿我的美梦成真。
Wǒ de lǐxiǎng shì_____.　Dànyuàn wǒ de měimèng chéngzhēn.

谢谢!
Xièxie!

■ 体育老师 tǐyù lǎoshī 체육 선생님

여러분 안녕하세요! 저는 _____라고 합니다.
만나서 반갑습니다. 저는 올해 _____살입니다.
저는 _____에 다니고 _____학년 학생입니다.
저의 취미는 _____이고, 특기는 _____입니다.
저의 꿈은 _____되는 것이고 저의 멋진 꿈이 이루어지기를 바랍니다.
감사합니다!

头儿 肩膀 膝 脚趾
Tóur jiānbǎng xī jiǎozhǐ
머리 어깨 무릎 발

머리 어깨 무릎 발
무릎 발 무릎 발
머리 어깨 무릎 발
눈 귀 코와 입

你在邮局做什么?

Nǐ zài yóujú zuò shénme?

넌 우체국에서 뭐하니?

▶ 在 + 장소 활용하기

▶ 진행형 표현하기

회화공부 — 즐거운 기본회화

欢喜 你在哪儿?
Nǐ zài nǎr?
넌 어디에 있니?

丹丹 我在邮局。
Wǒ zài yóujú.
난 우체국에 있어.

欢喜 你在邮局做什么?
Nǐ zài yóujú zuò shénme?
넌 우체국에서 뭐하니?

丹丹 我在邮局寄信。
Wǒ zài yóujú jì xìn.
편지 부치고 있어.

 42

단어공부

- 在 zài ~에 있다(동사)
  ~에서(전치사)
  ~하고 있다(부사)
- 邮局 yóujú 우체국
- 寄信 jì xìn 편지를 부치다

欢喜 **妈妈在干什么?**
Māma zài gàn shénme?

엄마는 뭐하고 계시니?

丹丹 **她在做菜。**
Tā zài zuò cài.

요리를 하고 계셔.

• **做菜** *zuò cài* 요리하다

콕콕 Point

I 在 zài 의 용법

품사	동 사	전 치 사	부 사
뜻	～에 있다	～에서	～ 하고 있다
용법	你在哪儿?	你在哪儿学习?	我在看电影。
	Nǐ zài nǎr?	Nǐ zài nǎr xuéxí?	Wǒ zài kàn diànyǐng.
	넌 어디에 있니?	넌 어디에서 공부하니?	난 영화를 보고 있어.

'在'는 문장 안에서 여러 가지 역할을 합니다. 동사, 전치사로 쓰일 때는 '在' 뒤에 장소가 따라옵니다.

부사로 쓰일 때는 〈在 + 동사〉의 형식으로 쓰여 "～하고 있다/～하고 있는 중이다"라는 뜻으로 진행을 나타냅니다.

예 我妈妈在家。　우리 엄마는 집에 있다.
　　Wǒ māma zài jiā.

　　我妈妈在家看书。　우리 엄마는 집에서 책을 본다.
　　Wǒ māma zài jiā kàn shū.

　　我妈妈在看书。　우리 엄마는 책을 보고 있다.
　　Wǒ māma zài kàn shū.

속담배우기

모르는 것이 약이다.

眼不见，心不烦。

Yǎn bú jiàn, xīn bù fán.

2. 在 + (장소) + 동사

在家打电脑
zài jiā dǎ diànnǎo
집에서 컴퓨터를 한다

在邮局寄信
zài yóujú jì xìn
우체국에서 편지 부친다

在银行存钱
zài yínháng cúnqián
은행에서 저금을 한다

在玩儿拼图
zài wánr pīntú
퍼즐게임을 하고 있다

在喝牛奶
zài hē niúnǎi
우유를 마시고 있다

在买东西
zài mǎi dōngxi
물건을 사고 있다

탄탄 회화연습

 在+장소

在○○做什么? ○○에서 뭐하니?

1

朋友1 **你在银行做什么?**
Nǐ zài yínháng zuò shénme?

朋友2 **我在银行存钱。**
Wǒ zài yínháng cúnqián.

넌 은행에서 뭐 하니?
은행에서 저금해.

2

朋友1 **妈妈在客厅干什么?**
Māma zài kètīng gàn shénme?

朋友2 **她在客厅看电视。**
Tā zài kètīng kàn diànshì.

엄마는 거실에서 뭐 하시니?
텔레비전을 보고 계셔.

3

朋友1 **爸爸在商店做什么?**
Bàba zài shāngdiàn zuò shénme?

朋友2 **他在商店买东西。**
Tā zài shāngdiàn mǎi dōngxi.

아빠는 상점에서 뭐 하시니?
물건을 사고 계셔.

44

단어공부

- 存钱 cúnqián 저금하다
- 客厅 kètīng 거실
- 电视 diànshì 텔레비전
- 商店 shāngdiàn 상점
- 买 mǎi 사다
- 东西 dōngxi 물건

진행형 표현하기 在 + 동사 ~를 하고 있다

1 朋友1 **哥哥在干什么？**
Gēge zài gàn shénme?

朋友2 **他在洗澡。**
Tā zài xǐzǎo.

오빠는 뭐 하고 있니?
목욕하고 있어.

2 朋友1 **姐姐在做什么？**
Jiějie zài zuò shénme?

朋友2 **她在打电脑。**
Tā zài dǎ diànnǎo.

언니는 뭐 하고 있니?
컴퓨터 하고 있어.

3 朋友1 **妹妹在干什么？**
Mèimei zài gàn shénme?

朋友2 **她在玩儿拼图。**
Tā zài wánr pīntú.

여동생은 뭐 하고 있니?
퍼즐게임하고 있어.

• **洗澡** xǐzǎo 목욕하다　　• **拼图** pīntú 퍼즐게임

• **打电脑** dǎ diànnǎo 컴퓨터하다

45

쑥쑥 테스트

1 녹음을 듣고 따라 읽어 보세요.

① cài 　　② dǎ 　　③ yóujú

④ wánr 　　⑤ mǎi 　　⑥ cúnqián

2 녹음을 듣고 성조를 표기해 보세요.

① diannao 　　② ji xin 　　③ xizao

④ keting 　　⑤ shangdian 　　⑥ dongxi

3 녹음을 듣고 ▮▮ 칸에 병음과 성조를 써 넣으세요.

① 　　　　　　② 　　　　　　③

④ 　　　　　　⑤ 　　　　　　⑥

4 문장과 그림이 일치되도록 바르게 연결하세요.

① 妹妹在玩儿拼图。
   Mèimei zài wánr pīntú.

② 姐姐在邮局寄信。
   Jiějie zài yóujú jì xìn.

③ 哥哥在打电脑。
   Gēge zài dǎ diànnǎo.

④ 妈妈在银行存钱。
   Māma zài yínháng cúnqián.

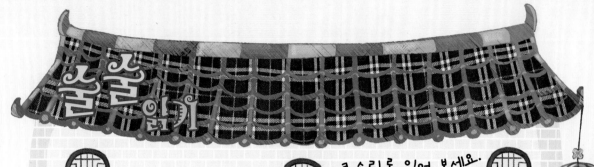

  큰소리로 읽어 보세요.

 46

● 확장연습

信 xìn	편지
寄信 jì xìn	편지를 부치다
在邮局寄信 zài yóujú jì xìn	우체국에서 편지를 부치다
哥哥在邮局寄信。 Gēge zài yóujú jì xìn.	오빠가 우체국에서 편지를 부친다.

东西 dōngxi	물건
买东西 mǎi dōngxi	물건을 사다
在商店买东西 zài shāngdiàn mǎi dōngxi	상점에서 물건을 사다
姐姐在商店买东西。 Jiějie zài shāngdiàn mǎi dōngxi.	언니가 상점에서 물건을 산다.

8과

喂! 丹丹在家吗?

Wéi! Dāndān zài jiā ma?

여보세요! 단단 집에 있어요?

▶ 전화 걸기

▶ 제안 하기

▶ '∼가다' 표현 익히기

47

欢喜　喂! 丹丹在家吗?
Wéi! Dāndān zài jiā ma?
여보세요! 단단 집에 있어요?

丹丹　我就是。　你是哪位?
Wǒ jiù shì.　Nǐ shì nǎ wèi?
전데요. 누구세요?

欢喜　我是朴欢喜。
Wǒ shì Piáo Huānxǐ.
난 박환희야.

丹丹　有什么事?
Yǒu shénme shì?
무슨 일이니?

 48

단어공부

- 喂 wéi 여보세요
- 位 wèi 분 (사람을 세는 양사)
- 事 shì 일

86

欢喜　**明天我去逛百货商场，你去不去？**
Míngtiān wǒ qù guàng bǎihuò shāngchǎng,　nǐ qù bu qù?
내일 백화점에 쇼핑 가는데 너 갈래?

丹丹　**去。**
Qù.
그래.

- 逛 guàng 한가로이 거닐다
- 百货商场 bǎihuò shāngchǎng 백화점

콕콕 Point

1 喂! wéi!

"여보세요!"라는 뜻으로 전화 표현에는 부드럽게 2성으로 발음합니다. 누군가를 부를 때는 '喂 wèi'하고 4성으로 발음합니다.

2 ○○在家吗? ○○ zài jiā ma?

"○○ 집에 있어요?"라는 뜻입니다. '○○在吗? ○○ zài ma?'로 줄여서도 많이 쓰이는데 "○○ 있어요?"라는 뜻입니다. 대답은 다음과 같이 여러 가지로 할 수 있습니다.

예 喂! 欢喜在吗? 여보세요! 환희 있어요?
Wéi! Huānxǐ zài ma?

我就是(欢喜)。 내가 바로 환희야.
Wǒ jiù shì (Huānxǐ).

他不在(家)。 환희는 (집에) 없어요.
Tā bú zài(jiā).

在，请等一下。 있어요. 잠시만 기다리세요.
Zài, qǐng děng yíxià.

3 你是哪位? Nǐ shì nǎ wèi?

"누구세요?" 라는 뜻으로 '你是哪一位? Nǐ shì nǎ yí wèi?'라고 표현하기도 합니다. 대답은 '我是○○○。Wǒ shì ○○○.'라고 하면 됩니다.

4. 去 + ▢▢▢▢ ~(에) 가다

공원에 가다
去公园
qù gōngyuán

백화점에 가다
去百货商场
qù bǎihuò shāngchǎng

동물원에 가다
去动物园
qù dòngwùyuán

식당에 가다
去餐厅
qù cāntīng

드라이브 가다
去兜风
qù dōufēng

학교에 가다
去学校
qù xuéxiào

탄탄 회화연습

49

전화 걸기 喂！ 여보세요!

1 朋友1 喂! 金老师在家吗?
Wéi! Jīn lǎoshī zài jiā ma?

朋友2 她不在。请你等一会儿再打吧。
Tā bú zài. Qǐng nǐ děng yíhuìr zài dǎ ba.

여보세요! 김 선생님 댁에 계세요?
안 계시는데요. 잠시 후에 다시 전화하세요.

2 朋友1 喂! 我找李丹丹，她在吗?
Wéi! Wǒ zhǎo Lǐ Dāndān, tā zài ma?

朋友2 在，请等一下。
Zài, qǐng děng yíxià.

여보세요! 이단단을 찾는데 있습니까?
네, 잠시만 기다리세요.

3 朋友1 喂! 是汉语补习班吗?
Wéi! Shì Hànyǔ bǔxíbān ma?

朋友2 对不起，你打错了。
Duìbuqǐ, nǐ dǎcuò le.

여보세요! 중국어 학원입니까?
미안합니다, 잘못 거셨습니다.

50

단어공부

- 请 qǐng ~하세요
- 一会儿 yíhuìr 잠시
- 再 zài 다시
- 打 dǎ (전화를) 걸다

- 找 zhǎo 찾다
- 补习班 bǔxíbān 학원
- 错 cuò 틀리다

제안 하기 你去不去? 너 갈래?

1 朋友1 **今天下午我们去公园，你去不去?**
Jīntiān xiàwǔ wǒmen qù gōngyuán, nǐ qù bu qù?

朋友2 **不去。**
Bú qù.

오늘 오후에 공원가는데, 너 갈래?
아니.

2 朋友1 **星期天我们去动物园，你去不去?**
Xīngqītiān wǒmen qù dòngwùyuán, nǐ qù bu qù?

朋友2 **去。**
Qù.

일요일에 우리 동물원 가는데, 갈래?
그래.

3 朋友1 **周末我们去郊游，你去不去?**
Zhōumò wǒmen qù jiāoyóu, nǐ qù bu qù?

朋友2 **去。**
Qù.

주말에 우리 소풍가는데, 갈래?
그래.

- 公园 gōngyuán 공원
- 动物园 dòngwùyuán 동물원
- 周末 zhōumò 주말
- 郊游 jiāoyóu 소풍가다

쑥쑥 테스트

 51

1 녹음을 듣고 따라 읽어 보세요.

① bǎihuò　　② wéi　　③ děng yíxià

④ shì　　⑤ guàng　　⑥ lǎoshī

2 녹음을 듣고 성조를 표기해 보세요.

① jiaoyou　　② yixia　　③ zhao

④ dongwuyuan　⑤ qing　　⑥ bu zai

3 녹음을 듣고 ▇▇ 칸에 병음과 성조를 써 넣으세요.

① ＿＿＿＿＿　② ＿＿＿＿＿　③ ＿＿＿＿＿

④ ＿＿＿＿＿　⑤ ＿＿＿＿＿　⑥ ＿＿＿＿＿

4 그림에 맞는 단어와 병음을 써 보세요.

①

②

③

5 말풍선의 대화를 중국어로 완성하세요.

① A 喂! 丹丹在家吗?
　　Wéi! Dāndān zài jiā ma?

　 B ＿＿＿＿＿＿＿＿＿＿＿＿＿＿＿。

단단 있어요?

바로 전데요.

② A 喂! 是汉语补习班吗?
　　Wéi! Shì Hànyǔ bǔxíbān ma?

　 B ＿＿＿＿＿＿＿＿＿＿＿＿＿＿＿。

중국어 학원입니까?

미안하지만 잘못 거셨습니다.

큰소리로 읽어 보세요.

🔘 52

확장연습

郊游 jiāoyóu	소풍
去郊游 qù jiāoyóu	소풍간다
我们去郊游 wǒmen qù jiāoyóu	우리 소풍간다
周末我们去郊游。 Zhōumò wǒmen qù jiāoyóu.	주말에 우리 소풍간다.

在 zài	있다
在家 zài jiā	집에 있다
金老师在家 Jīn lǎoshī zài jiā	김 선생님은 집에 있다
喂! 金老师在家吗? Wéi! Jīn lǎoshī zài jiā ma?	여보세요! 김 선생님 댁에 계세요?

我要买一顶帽子。

Wǒ yào mǎi yì dǐng màozi.

모자를 하나 사려고 합니다.

▶ 쇼핑 하기

▶ 선택 의문문 활용

▶ 양사

▶ 색깔 익히기

🔘 **53**

销售员 **你要买什么?**
Nǐ yào mǎi shénme?
뭘 사려고 하세요?

丹丹 **我要买一顶帽子。**
Wǒ yào mǎi yì dǐng màozi.
모자를 하나 사려고 합니다.

销售员 **还要别的吗?**
Hái yào biéde ma?
또 다른 게 필요하세요?

丹丹 **还要一条裙子。**
Hái yào yì tiáo qúnzi.
또 치마가 필요해요

🔘 **54**

단어공부

- 销售员 xiāoshòuyuán 판매원
- 要 yào ~하려고 하다, 필요하다
- 顶 dǐng 개(모자 등을 세는 양사)
- 帽子 màozi 모자

- 还 hái 또
- 别的 biéde 다른 것
- 条 tiáo 개(양사)
- 裙子 qúnzi 치마

销售员 **你要红色的还是黄色的?**
Nǐ yào hóngsè de háishi huángsè de?

빨간색으로 드릴까요? 노란색으로 드릴까요?

丹丹 **我要红色的。**
Wǒ yào hóngsè de.

빨간색으로 주세요

- 红色 hóngsè 빨간색
- 还是 háishi 아니면(접속사)
- 黄色 huángsè 노란색

1 要 yào

"~하려고 하다, ~하고 싶다"의 뜻을 지닌 조동사로 동사 앞에 쓰입니다.

예 我要喝牛奶。 나는 우유를 마시려고 한다.
Wǒ yào hē niúnǎi.

我要去中国。 나는 중국에 가고 싶다.
Wǒ yào qù Zhōngguó.

그런데 '还要别的吗? Hái yào biéde ma?', '还要一条裙子。 Hái yào yì tiáo qúnzi.'에서 '要'는 "~가 필요하다"는 뜻의 동사로 쓰였습니다.

2 还是 háishi

'还是'는 " ~아니면~"의 뜻으로 선택의문문을 만드는 접속사입니다.

예 你去还是他去? 네가 가니 아니면 그가 가니?
Nǐ qù háishi tā qù?

你要白色的还是黑色的? 흰색을 원하세요 아니면 검은색을 원하세요?
Nǐ yào báisè de háishi hēisè de?

3 양사

"~개, ~권, ~벌"처럼 물건을 세는 단위를 양사라고 하며, 〈수사 + 양사 + 명사〉 형태로 쓰입니다.

예 一本书 책 한 권 一顶帽子 모자 하나 两个人 두 사람
yì běn shū yì dǐng màozi liǎng ge rén

三条裙子 치마 세 벌 一件衣服 옷 한 벌
sān tiáo qúnzi yí jiàn yīfu

4 색깔

흰색
白色 báisè

빨간색
红色 hóngsè

분홍색
粉红色 fěnhóngsè

노란색
黄色 huángsè

파란색
蓝色 lánsè

하늘색
天蓝色 tiānlánsè

초록색
绿色 lǜsè

회색
灰色 huīsè

검은색
黑色 hēisè

탄탄 회화연습

쇼핑 표현

你要买什么? 뭘 사려고 하세요?

---

1 销售员 **你要买什么?**
Nǐ yào mǎi shénme?

欢喜 **我要买一条裤子。**
Wǒ yào mǎi yì tiáo kùzi.

뭘 사려고 하세요?
바지 하나 주세요.

2 销售员 **你要买什么?**
Nǐ yào mǎi shénme?

欢喜 **我要买两件毛衣。**
Wǒ yào mǎi liǎng jiàn máoyī.

뭘 사려고 하세요?
스웨터 두 벌 주세요.

3 销售员 **你要买什么?**
Nǐ yào mǎi shénme?

欢喜 **我要买一双鞋子。**
Wǒ yào mǎi yì shuāng xiézi.

뭘 사려고 하세요?
신발을 사려고 합니다.

 56

 단어공부

- 裤子 kùzi 바지
- 件 jiàn 벌(양사)
- 毛衣 máoyī 스웨터
- 双 shuāng 켤레(양사)
- 鞋子 xiézi 신발

선택 의문문 ~还是~ ~아니면~

1 朋友1 **你吃米饭还是吃面包?**
Nǐ chī mǐfàn háishi chī miànbāo?

朋友2 **我吃面包。**
Wǒ chī miànbāo.

> 너 밥 먹을래 아니면 빵 먹을래?
> 빵 먹을래.

2 朋友1 **你喝果汁还是喝茶?**
Nǐ hē guǒzhī háishi hē chá?

朋友2 **我喝果汁。**
Wǒ hē guǒzhī.

> 너 주스 마실래 아니면 차 마실래?
> 주스 마실래.

3 朋友1 **你穿皮鞋还是穿运动鞋?**
Nǐ chuān píxié háishi chuān yùndòngxié?

朋友2 **我穿运动鞋。**
Wǒ chuān yùndòngxié.

> 너 구두 신을래 아니면 운동화 신을래?
> 나 운동화 신을래.

- 米饭 mǐfàn 쌀밥
- 面包 miànbāo 빵
- 果汁 guǒzhī 과일주스
- 茶 chá 차

- 穿 chuān 신다, 입다
- 皮鞋 píxié 구두
- 运动鞋 yùndòngxié 운동화

1 녹음을 듣고 따라 읽어 보세요.

① chuān   ② yì tiáo   ③ hóngsè

④ biéde   ⑤ yì shuāng   ⑥ màozi

2 녹음을 듣고 성조를 표기해 보세요.

① pixie   ② mifan   ③ haishi

④ kuzi   ⑤ cha   ⑥ yundongxie

3 녹음을 듣고 ■■ 칸에 병음과 성조를 써 넣으세요.

①   ②   ③

④   ⑤   ⑥

4 문장과 그림이 일치되도록 바르게 연결하세요.

① 我要买一双鞋子。
Wǒ yào mǎi yì shuāng xiézi.

② 我要红色的帽子。
Wǒ yào hóngsè de màozi.

③ 我喝果汁。
Wǒ hē guǒzhī.

④ 我要买一条裤子。
Wǒ yào mǎi yì tiáo kùzi.

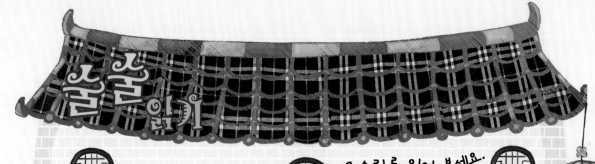

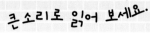

큰 소리로 읽어 보세요.

 58

● 확장연습 ●

帽子
màozi

모자

一顶帽子
yì dǐng màozi

모자 하나

买一顶帽子
mǎi yì dǐng màozi

모자를 하나 사다

要买一顶帽子
yào mǎi yì dǐng màozi

모자를 하나 사려고 한다

我要买一顶帽子。
Wǒ yào mǎi yì dǐng màozi.

나는 모자를 하나 사려고 한다.

黄色
huángsè

노란색

红色还是黄色
hóngsè háishi huángsè

빨간색 아니면 노란색

喜欢红色还是黄色
xǐhuan hóngsè háishi huángsè

빨간색 아니면 노란색을 좋아한다

你喜欢红色还是黄色?
Nǐ xǐhuan hóngsè háishi huángsè?

너는 빨간색을 좋아하니 아니면
노란색을 좋아하니?

10과

我吃过中国菜。
Wǒ chī guo Zhōngguócài.

나는 중국 요리를 먹어 봤어.

▶ 경험 표현하기

▶ A是A 활용하기

▶ 상태표현 단어 익히기

59

丹丹 你肚子饿不饿？

Nǐ dùzi è bu è?

배고프니?

欢喜 不太饿。

Bú tài è.

그다지 배고프지 않아.

丹丹 你吃过中国菜吗？

Nǐ chī guo Zhōngguócài ma?

중국 요리 먹어 봤니?

欢喜 我吃过中国菜。

Wǒ chī guo Zhōngguócài.

먹어 봤어.

60

- 肚子 dùzi 배
- 饿 è 배고프다
- 不太 bú tài 그다지 ～하지 않다
- 过 guo ～한 적이 있다
- 中国菜 Zhōngguócài 중국 요리

丹丹　中国菜好吃吗？
Zhōngguócài hǎochī ma?

중국 요리 맛있니?

欢喜　好吃是好吃，不过有点儿油腻。
Hǎochī shì hǎochī,　búguò yǒudiǎnr yóunì.

맛있기는 한데 조금 느끼해.

- 好吃 hǎochī 맛있다
- 不过 búguò 그러나
- 有点儿 yǒudiǎnr 조금
- 油腻 yóunì 느끼하다

1 我吃过中国菜。 Wǒ chī guo Zhōngguócài.

'过 guo'는 "~ 한 적이 있다"는 뜻으로 경험을 나타내는 조사입니다.
〈동사＋过〉의 형식으로 쓰이며, 부정은 〈没(有)＋동사＋过〉입니다.

> 예 看过。 Kàn guo. 본 적이 있다.
> 没(有)看过。 Méi(yǒu) kàn guo. 본 적이 없다.

2 好吃是好吃，不过有点儿油腻。
Hǎochī shì hǎochī, búguò yǒudiǎnr yóunì.

〈A 是 A, 不过~〉의 형식으로 쓰이며, "A하기는 한데, 그러나 ~하다"의 뜻입니다.

> 예 好是好，不过有点儿大。 Hǎo shì hǎo, búguò yǒudiǎnr dà.
> 좋기는 한데 조금 크다.

3 有点儿 yǒudiǎnr

"조금"이라는 뜻으로 대개 불만스러운 표현에 쓰입니다.

> 예 有点儿少。 Yǒudiǎnr shǎo. 조금 적다.
> 有点儿晚。 Yǒudiǎnr wǎn. 조금 늦다.
> 有点儿冷。 Yǒudiǎnr lěng. 조금 춥다.

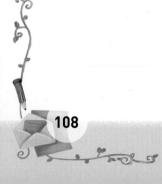

4 상태표현 단어

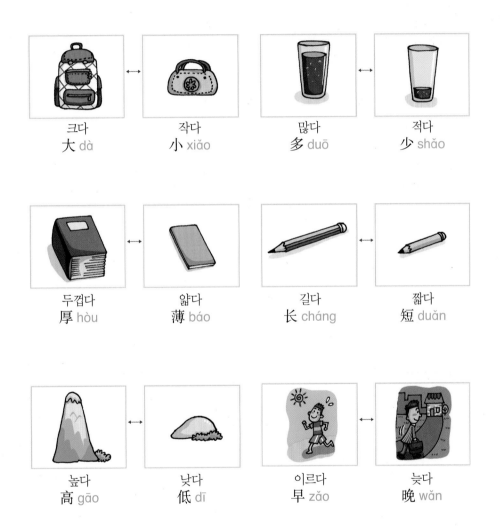

크다
大 dà

작다
小 xiǎo

많다
多 duō

적다
少 shǎo

두껍다
厚 hòu

얇다
薄 báo

길다
长 cháng

짧다
短 duǎn

높다
高 gāo

낮다
低 dī

이르다
早 zǎo

늦다
晚 wǎn

탄탄 회화연습

61

경험 표현

~过 ~해 본 적이 있다

---

1 朋友1 **你去过长城吗?**
Nǐ qù guo Chángchéng ma?

朋友2 **去过。**
Qù guo.

넌 만리장성에 가 봤니?
가 봤어.

2 朋友1 **你坐过游艇吗?**
Nǐ zuò guo yóutǐng ma?

朋友2 **没坐过。**
Méi zuò guo.

넌 유람선 타 봤니?
타 본 적 없어.

3 朋友1 **你玩儿过电脑游戏吗?**
Nǐ wánr guo diànnǎo yóuxì ma?

朋友2 **玩儿过。**
Wánr guo.

넌 컴퓨터 게임 해 봤니?
해 봤어.

62

- 长城 Chángchéng 만리장성
- 游艇 yóutǐng 유람선
- 游戏 yóuxì 게임

A是A 활용하기 好是好 좋기는 한데

1 朋友1 **这条连衣裙好看吗?**
Zhè tiáo liányīqún hǎokàn ma?

朋友2 **好看是好看,不过太长了。**
Hǎokàn shì hǎokàn, búguò tài cháng le.

이 원피스 예쁘니?
예쁘기는 한데 너무 길어.

2 朋友1 **吃炒年糕,好不好?**
Chī chǎoniángāo, hǎo bu hǎo?

朋友2 **好是好,不过太辣了。**
Hǎo shì hǎo, búguò tài là le.

떡볶이 먹는 게 어때?
좋기는 한데, 너무 매워.

3 朋友1 **蛋糕好吃吗?**
Dàngāo hǎochī ma?

朋友2 **好吃是好吃,不过太甜了。**
Hǎochī shì hǎochī, búguò tài tián le.

케이크는 맛있니?
맛있기는 한데, 너무 달아.

- 连衣裙 liányīqún 원피스
- 长 cháng 길다
- 炒年糕 chǎoniángāo 떡볶이
- 辣 là 맵다
- 蛋糕 dàngāo 케이크
- 甜 tián 달다

63

쑥쑥 테스트

1 녹음을 듣고 따라 읽어 보세요.

① cháng ② hǎochī ③ là

④ tián ⑤ chī guo ⑥ chǎo

2 녹음을 듣고 성조를 표기해 보세요.

① lianyiqun ② youni ③ Changcheng

④ dangao ⑤ buguo ⑥ youdianr

3 녹음을 듣고 ■■ 칸에 병음과 성조를 써 넣으세요.

① [   ] ② [   ]

③ [   ] ④ [   ]

4 그림에 맞는 단어와 병음을 써 보세요.

①

②

③

5 말풍선의 대화를 중국어로 완성하세요.

① A 你去过长城吗?
　　Nǐ qù guo Chángchéng ma?

　 B ＿＿＿＿＿＿＿＿＿＿＿＿＿＿＿＿ 。

넌 만리장성에 가 봤니?

안 가 봤어.

② A 你吃过中国菜吗?
　　Nǐ chī guo Zhōngguócài ma?

　 B ＿＿＿＿＿＿＿＿＿＿＿＿＿＿＿＿ 。

중국 요리 먹어 봤니?

먹어 봤어.

 큰소리로 읽어 보세요.

 64

확장연습

中国菜
Zhōngguócài

중국 요리

吃过中国菜
chī guo Zhōngguócài

중국 요리를 먹어 보았다

我吃过中国菜。
Wǒ chī guo Zhōngguócài.

나는 중국 요리를 먹어 보았다.

好看吗
hǎokàn ma

예쁘니

连衣裙好看吗
liányīqún hǎokàn ma

원피스가 예쁘니

这条连衣裙好看吗?
Zhè tiáo liányīqún hǎokàn ma?

이 원피스는 예쁘니?

11과

汉语很有意思。

Hànyǔ hěn yǒu yìsi.

중국어는 아주 재미있어.

▶ 有意思 활용하기
▶ 시량 표현

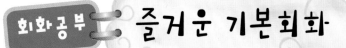

65

회화공부 즐거운 기본회화

丹丹 **你学什么?**
Nǐ xué shénme?
넌 뭘 배우니?

欢喜 **我学汉语。**
Wǒ xué Hànyǔ.
난 중국어를 배워.

丹丹 **汉语难不难?**
Hànyǔ nán bu nán?
중국어는 어렵니?

欢喜 **汉语不难，很有意思。**
Hànyǔ bù nán,　　hěn yǒu yìsi.
어렵지 않아, 매우 재미있어.

 66

단어공부

- **难** nán 어렵다
- **意思** yìsi 뜻
- **有意思** yǒu yìsi 재미있다

丹丹 **你学了多长时间?**
Nǐ xué le duōcháng shíjiān?

얼마동안 배웠니?

欢喜 **我学了两个月。**
Wǒ xué le liǎng ge yuè.

두 달 배웠어.

• **多长时间** duōcháng shíjiān 얼마동안

1 你学了多长时间? Nǐ xué le duōcháng shíjiān?

'多长时间 duōcháng shíjiān'은 "얼마동안"이라는 뜻으로 지속된 시간을 묻는 표현입니다.
대답은 '多长时间 duōcháng shíjiān' 위치에 걸린 시간을 넣어서 표현하면 됩니다.

예 你看了多长时间? 넌 얼마동안 봤니?
　 Nǐ kàn le duōcháng shíjiān?

　 我看了两个小时。 두 시간 동안 봤어.
　 Wǒ kàn le liǎng ge xiǎoshí.

2 我学了两个月。 Wǒ xué le liǎng ge yuè.

'了 le'는 동사 뒤에 쓰여 동작이 이미 완료되었음을 나타냅니다.

예 这本小说我看了三天。 이 소설책은 3일 동안 읽었어.
　 Zhè běn xiǎoshuō wǒ kàn le sān tiān.

속담배우기

나쁜 일은 소문이 빨리 퍼진다.

好事不出门, 坏事行千里。
Hǎoshì bù chū mén, huàishì xíng qiānlǐ.

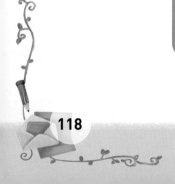

3 有意思。 Yǒu yìsi.

"재미있다"는 뜻이며, "재미없다"라는 표현은 앞에 '没(有) méi(yǒu)'를 붙여
'没(有)意思 méi(yǒu) yìsi'라고 하면 됩니다.

> 예 这本书, 有意思吗?　이 책은 재미있니?
> Zhè běn shū, yǒu yìsi ma?
>
> 这本书, 没有意思。이 책은 재미없어.
> Zhè běn shū, méiyǒu yìsi.

● 신세대가 좋아하는 기념일 ··

발렌타인데이	情人节 qíngrénjié
화이트데이	白色情人节 báisè qíngrénjié
블랙 데이	黑色情人节 hēisè qíngrénjié
로즈데이	黄色情人节 huángsè qíngrénjié
	玫瑰节 méiguijié

탄탄 회화연습

67

有意思 활용하기 　**有意思** 재미있다

1　朋友1　**打羽毛球，有意思吗？**
　　　　Dǎ yǔmáoqiú, yǒu yìsi ma?

　　　朋友2　**很有意思。**
　　　　Hěn yǒu yìsi.

배드민턴 치는 게 재미있니?
매우 재미있어.

2　朋友1　**钓鱼，有意思吗？**
　　　　Diàoyú, yǒu yìsi ma?

　　　朋友2　**不太有意思。**
　　　　Bú tài yǒu yìsi.

낚시하는 것은 재미있니?
그다지 재미있지 않아.

3　朋友1　**吹笛子，有意思吗？**
　　　　Chuī dízi, yǒu yìsi ma?

　　　朋友2　**没有意思。**
　　　　Méiyǒu yìsi.

피리부는 거 재미있니?
재미없어.

68

단어공부

- 羽毛球 yǔmáoqiú 배드민턴
- 吹 chuī 불다
- 钓鱼 diàoyú 낚시하다
- 笛子 dízi 피리

多长时间? 얼마동안?

1 朋友1 **你打了多长时间?**
Nǐ dǎ le duōcháng shíjiān?

朋友2 **我打了三十分钟。**
Wǒ dǎ le sānshí fēnzhōng.

넌 배드민턴을 얼마 동안 쳤니?
난 30분 동안 쳤어.

2 朋友1 **你玩了多长时间?**
Nǐ wán le duōcháng shíjiān?

朋友2 **我玩了一个小时。**
Wǒ wán le yí ge xiǎoshí.

넌 얼마 동안 놀았니?
난 한 시간 동안 놀았어.

3 朋友1 **你吹了多长时间?**
Nǐ chuī le duōcháng shíjiān?

朋友2 **我吹了一个半小时。**
Wǒ chuī le yí ge bàn xiǎoshí.

넌 얼마 동안 불었니?
난 한 시간 반 동안 불었어.

- 分钟 fēnzhōng 분
- 小时 xiǎoshí 시간

1. 녹음을 듣고 따라 읽어 보세요.

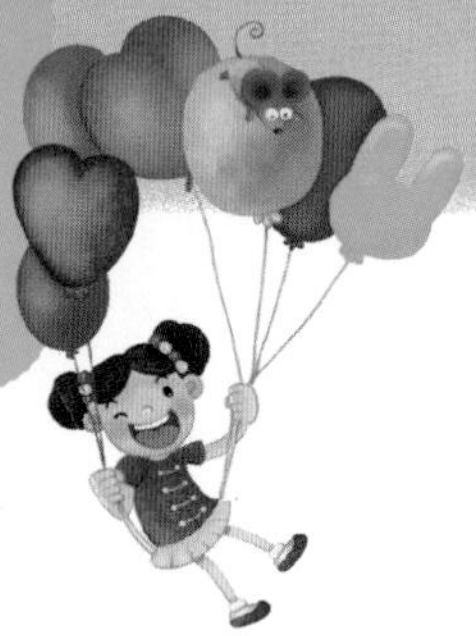

① duōcháng　　② fēnzhōng　　③ nán

④ chuī　　　　⑤ bú tài　　　⑥ yǒu yìsi

2. 녹음을 듣고 성조를 표기해 보세요.

① diao yu　　　　　② dizi

③ yisi　　　　　　　④ xiaoshi

3. 녹음을 듣고 ■■ 칸에 병음을 써 넣으세요.

①　　　　　　　　　　②

4 문장과 그림이 일치되도록 바르게 연결하세요.

① 打羽毛球很有意思。
Dǎ yǔmáoqiú hěn yǒu yìsi.

② 妹妹吹笛子。
Mèimei chuī dízi.

③ 我学汉语。
Wǒ xué Hànyǔ.

④ 钓鱼没有意思。
Diàoyú méiyǒu yìsi.

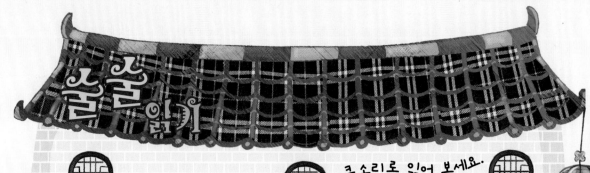

 70

확장연습

有意思 yǒu yìsi	재미있다
很有意思 hěn yǒu yìsi	매우 재미있다
羽毛球很有意思 yǔmáoqiú hěn yǒu yìsi	배드민턴은 매우 재미있다
打羽毛球很有意思。 Dǎ yǔmáoqiú hěn yǒu yìsi.	배드민턴 치는 것은 매우 재미있다.

有意思 yǒu yìsi	재미있다
没有意思 méiyǒu yìsi	재미없다
笛子没有意思 dízi méiyǒu yìsi	피리는 재미없다
吹笛子没有意思。 Chuī dízi méiyǒu yìsi.	피리 부는 것은 재미없다.

请问，文具店在哪儿?

Qǐngwèn, wénjùdiàn zài nǎr?

실례합니다. 문구점은 어디 있나요?

▶ 길 물어보기

▶ 존재 표현

▶ 방위 익히기

71

회화공부 : 즐거운 기본회화

丹丹 请问，文具店在哪儿？
Qǐngwèn, wénjùdiàn zài nǎr?
실례합니다. 문구점은 어디 있나요?

路人 在学校前边儿。
Zài xuéxiào qiánbianr.
학교 앞에 있어요.

丹丹 怎么走？
Zěnme zǒu?
어떻게 갑니까?

路人 一直往前走。
Yìzhí wǎng qián zǒu.
앞으로 계속 가세요.

 72

단어공부

- 文具店 wénjùdiàn 문구점
- 前边儿 qiánbianr 앞
- 走 zǒu 가다, 걷다
- 一直 yìzhí 계속, 쭉
- 往 wǎng ~로
- 路人 lùrén 행인

丹丹 **你家在哪儿?**
Nǐ jiā zài nǎr?
너의 집은 어디에 있니?

欢喜 **我家在药店旁边儿。**
Wǒ jiā zài yàodiàn pángbiānr.
우리 집은 약국 옆에 있어.

- 药店 yàodiàn 약국
- 旁边儿 pángbiānr 옆

1 怎么走? Zěnme zǒu?

'怎么'는 "어떻게"라는 뜻의 의문대명사로 동사 앞에 놓이며 행동의 방식을 물을 때 사용합니다.

> 예 这个字怎么写? 이 글자는 어떻게 씁니까?
> Zhè ge zì zěnme xiě?

2 往前走。 Wǎng qián zǒu.

'往'은 "~쪽으로", "~를 향해"의 뜻을 가진 전치사이며 말하고자 하는 방향을 가리킬 때 사용합니다.

> 예 往右拐 우회전 　　　　往前看 앞을 보다
> wǎng yòu guǎi 　　　　wǎng qián kàn
>
> · 拐 guǎi 방향을 바꾸다. 돌다

3 방위사

방향이나 위치 등을 나타내는 낱말을 '방위사'라고 합니다.

＊ **단순방위사** : 주로 다른 낱말의 뒤에 '上, 下, 里' 등의 글자가 붙어 사용됩니다.

> 예 桌子上 zhuōzishang 책상 위 　　 书包里 shūbāoli 책가방 안

＊ **합성방위사** : 단순방위사 뒤에 '边, 面' 등을 붙여 만들고 쓰임이 자유롭습니다.

> 예 请里边坐。 안쪽에 앉으세요
> Qǐng lǐbian zuò.

4 방위

北 běi
西 xī 东 dōng
南 nán

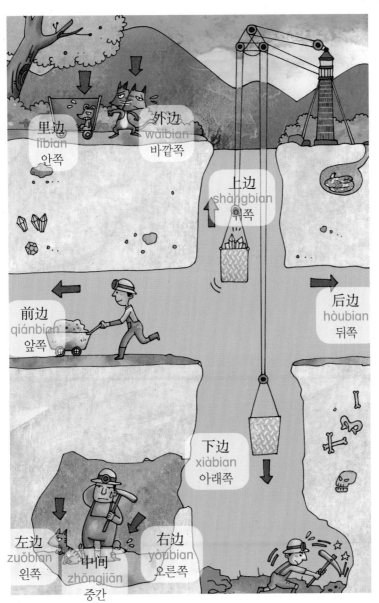

里边
lǐbian
안쪽

外边
wàibian
바깥쪽

上边
shàngbian
위쪽

前边
qiánbian
앞쪽

后边
hòubian
뒤쪽

下边
xiàbian
아래쪽

左边
zuǒbian
왼쪽

中间
zhōngjiān
중간

右边
yòubian
오른쪽

탄탄 회화연습

길 물어보기 请问 실례합니다

1 路人 **请问，小吃店在哪儿？**
Qǐngwèn, xiǎochīdiàn zài nǎr?

丹丹 **在超市右边儿。**
Zài chāoshì yòubianr.

실례합니다. 분식점은 어디 있나요?
슈퍼마켓 오른쪽에 있어요.

2 路人 **请问，火车站怎么走？**
Qǐngwèn, huǒchēzhàn zěnme zǒu?

丹丹 **到十字路口，往左拐。**
Dào shízìlùkǒu, wǎng zuǒ guǎi.

실례합니다. 기차역은 어떻게 갑니까?
사거리에서 좌회전 하세요.

3 路人 **请问，网吧在哪儿？**
Qǐngwèn, wǎngbā zài nǎr?

丹丹 **就在那儿。**
Jiù zài nàr.

실례합니다. PC방은 어디에 있나요?
바로 저기에 있어요.

74

 단어공부

- 小吃店 xiǎochīdiàn 분식점
- 超市 chāoshì 슈퍼마켓
- 右边儿 yòubianr 오른쪽
- 火车站 huǒchēzhàn 기차역
- 到 dào 도착하다
- 十字路口 shízì lùkǒu 사거리
- 左 zuǒ 왼쪽
- 网吧 wǎngbā PC방

130

존재 표현 **有什么?** 뭐가 있나요?

1 欢喜 **桌子上有什么?**
Zhuōzi shang yǒu shénme?

丹丹 **有照片。**
Yǒu zhàopiàn.

책상 위에 뭐가 있니?
사진이 있어.

2 欢喜 **椅子下面有什么?**
Yǐzi xiàmian yǒu shénme?

丹丹 **有书包。**
Yǒu shūbāo.

의자 아래에는 뭐가 있니?
책가방이 있어.

3 欢喜 **抽屉里有什么?**
Chōuti li yǒu shénme?

丹丹 **有报纸。**
Yǒu bàozhǐ.

서랍 안에는 뭐가 있니?
신문이 있어.

- 桌子 zhuōzi 책상
- 照片 zhàopiàn 사진
- 椅子 yǐzi 의자
- 下面 xiàmian 아래
- 书包 shūbāo 책가방
- 抽屉 chōuti 서랍
- 里 lǐ 안, 속
- 报纸 bàozhǐ 신문

131

쑥쑥 테스트

1 녹음을 듣고 따라 읽어 보세요.

① xiàmian   ② xiǎochīdiàn   ③ zǒu

④ yòubianr   ⑤ zhàopiàn   ⑥ pángbiānr

2 녹음을 듣고 성조를 표기해 보세요.

① wenjudian   ② yizi   ③ yizhi

④ shubao   ⑤ wang   ⑥ huochezhan

3 녹음을 듣고 ▇ 칸에 병음과 성조를 써 넣으세요.

①   ②   ③

④   ⑤   ⑥

4 그림에 맞는 단어와 병음을 써 보세요.

①  기차역

②

③

5 말풍선의 대화를 중국어로 완성하세요.

① A 桌子上有什么?
　　 Zhuōzishang yǒu shénme?

　 B _____.

책상 위에 뭐가 있니?

사전이 있어.

② A 椅子下面有什么?
　　 Yǐzi xiàmian yǒu shénme?

　 B _____.

의자 아래에는 뭐가 있니?

책가방이 있어.

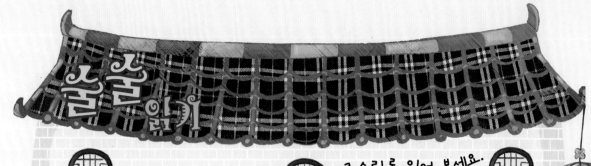

  큰소리로 읽어 보세요.

 76

● 확장연습

哪儿   어디
nǎr

在哪儿   어디에 있다
zài nǎr

你家在哪儿?   너의 집은 어디에 있니?
Nǐ jiā zài nǎr?

旁边儿   옆
pángbiānr

药店旁边儿   약국 옆
yàodiàn pángbiānr

在药店旁边儿   약국 옆에 있다
zài yàodiàn pángbiānr

我家在药店旁边儿。   우리 집은 약국 옆에 있어.
Wǒ jiā zài yàodiàn pángbiānr.

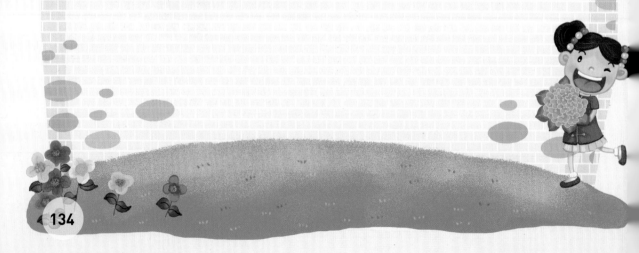

白雪公主和七个矮人。

Báixuě gōngzhǔ hé qī ge ǎirén.

백설공주와 일곱난쟁이.

▶ 우리가 잘 알고 있는 백설공주 이야기를
중국어로 재미있게 배워보세요.

옛날 어느 왕국에 눈처럼 하얀 백설공주가 살았습니다. 백설공주에게는 마음씨 나쁜 새엄마가 있었습니다. 질투심과 욕심으로 가득찬 그 왕비는 항상 마법의 거울에게 이렇게 물었습니다.

皇后　魔镜啊! 魔镜啊! 谁是世界上最美丽的女人?
　　　Mójìng a! Mójìng a! Shuí shì shìjièshang zuì měilì de nǚrén?
　　　거울아! 거울아! 누가 세상에서 가장 아름답니?

魔镜　当然皇后最美丽。不过白雪公主更美丽。
　　　Dāngrán huánghòu zuì měilì. Búguò báixuě gōngzhǔ gèng měilì.
　　　당연히 왕비님이 가장 아름답습니다. 그러나 백설공주가 더 아름답습니다.

皇后　什么? 怎么可能? 我才是世界上
　　　最美丽的女人。
　　　Shénme? Zěnme kěnéng? Wǒ cái shì shìjiè shang
　　　zuì měilì de nǚrén.
　　　뭐라고? 어떻게 그럴 수 있지? 세상에서 가장 아름다운
　　　사람은 바로 나야.

- 白雪 báixuě 백설
- 公主 gōngzhǔ 공주
- 矮人 ǎirén 난쟁이
- 皇后 huánghòu 왕비
- 魔镜 mójìng 마법의 거울
- 世界 shìjiè 세계, 세상

- 美丽 měilì 아름답다
- 女人 nǚrén 여자
- 更 gèng 더욱
- 可能 kěnéng 가능하다
- 才 cái 비로소

왕비에게 미움을 산 백설공주는 숲 속으로 쫓겨나게 되었습니다.

矮人1   漂亮的公主啊! 你别担心。
        Piàoliang de gōngzhǔ a! Nǐ bié dānxīn.
        예쁜 공주님! 걱정하지 말아요.

矮人2   我们一起生活吧。
        Wǒmen yìqǐ shēnghuó ba.
        우리와 함께 살아요.

矮人3   我们唱歌，跳舞，一起玩儿吧。
        Wǒmen chànggē, tiàowǔ, yìqǐ wánr ba.
        노래 부르고, 춤 추고 즐겁게 놀아요.

公主   谢谢大家!
        Xièxie dàjiā!
        모두들 고마워요!

▪ 别 bié ～하지 마라   ▪ 生活 shēnghuó 생활하다
▪ 担心 dānxīn 걱정하다   ▪ 大家 dàjiā 모두, 여러분

어느 날 할머니로 분장한 마녀 왕비는 난쟁이들이 일 나간 사이 집에 혼자 남아있는 백설공주를 찾아왔습니다.

皇后　　小姑娘! 你一个人在家吗?
　　　　Xiǎo gūniang! Nǐ yí ge rén zài jiā ma?
　　　　아가씨! 집에 혼자 있나요?

公主　　对呀。你有什么事吗?
　　　　Duì ya.　Nǐ yǒu shénme shì ma?
　　　　그런데요. 무슨 일이세요?

皇后　　我有很好吃的苹果。你尝尝吧。
　　　　Wǒ yǒu hěn hǎochī de píngguǒ. Nǐ chángchang ba.
　　　　맛있는 사과가 있는데, 맛 좀 보세요.

公主　　真的! 那我吃一口吧。
　　　　Zhēn de! Nà wǒ chī yì kǒu ba.
　　　　정말요!　그럼 한 입만 먹을게요.

■ 姑娘 gūniang 아가씨　　　　　　■ 苹果 píngguǒ 사과
■ 一个人 yí ge rén 한 사람, 혼자　　■ 一口 yì kǒu 한 입

사과를 먹은 백설공주는 그만 쓰러지고 말았습니다. 사과에는 독이 들어 있었어요. 쓰러진 백설공주를 발견한 일곱 난쟁이들은 슬픔에 잠겼습니다. 이 때 이웃 나라의 왕자가 나타나서 너무 아름다운 백설공주의 모습을 보고는 다가가 살짝 뽀뽀했습니다.

矮人4　　你们看! 白雪公主活过来了!
Nǐmen kàn! Báixuě gōngzhǔ huó guòlai le!
저기 봐요! 백설공주가 살아났어요!

矮人们　　谢天谢地!
Xiè tiān xiè dì!
하느님 감사합니다!

王子　　公主! 你真是太美了!
Gōngzhǔ! Nǐ zhēnshi tài měi le!
공주님! 정말 너무 아름답습니다!

公主　　谢谢你! 救了我!
Xièxie nǐ! Jiù le wǒ!
감사합니다! 저를 구하셨군요!

王子　　我们永远在一起吧。
Wǒmen yǒngyuǎn zài yìqǐ ba.
우리 영원히 함께 해요.

■ 活过来 huó guòlai 살아나다　　　　■ 美 měi 아름답다
■ 谢天谢地 xiè tiān xiè dì 하느님 감사합니다　　■ 救 jiù 구하다

雪绒花
Xuěrónghuā
에델바이스

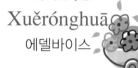

♩ = 132

雪 绒 花　　雪 绒 花　　清 晨 迎 着 我 开
Xuě róng huā　　xuě róng huā　　qīng chén yíngzhe wǒ kāi

放　　小 而 白　　洁 而 亮　　向 我 快 乐 地 摇
fàng　　xiǎo ér bái　　jié ér liàng　　xiàng wǒ kuài lè di yáo

晃　　白 雪 般 的 花 儿 愿 你 芬 芳　　永 远 开 花 生
huàng bái xuě bàn de huār er yuàn nǐ fēn fāng　　yǒng yuǎn kāi　huā　shēng

长　　雪 绒 花　　雪 绒 花　　永 远 祝 福 我 家 乡
zhǎng　　xuě róng huā　　xuě róng huā　　yǒng yuǎn zhù fú wǒ jiāxiāng

에델바이스, 에델바이스 아침마다 나를 반겨주네.
아담하고 희며, 깨끗하고 맑게, 나를 향해 즐겁게 흔들리네.
흰 눈과도 같은 꽃이여, 활짝 펴서 영원히 자라나라.
에델바이스, 에델바이스, 나의 고향을 영원히 축복하렴.

쑥쑥 테스트 해답

1과

2
① kěnéng　② nuǎnhuo
③ guāfēng　④ xiàyǔ
⑤ chūntiān　⑥ xǐhuan

3
① jìjié　② lěng
③ liángkuai　④ rè
⑤ tiānqì　⑥ xiàtiān

4

2과

2
① xuěrén　② duī
③ fēngzheng　④ huáxuě
⑤ zhuā　⑥ xuězhàng

3
① páshān　② yùndòng
③ yídìng　④ wàimian
⑤ piàoliang　⑥ shízir

4
① 堆雪人 duī xuěrén
② 放风筝 fàng fēngzheng
③ 打雪仗 dǎ xuězhàng

5
① (×)
② (○)
③ (○)

3과

2
① gǎnmào　② késou
③ xǐshǒu　④ mǎshàng
⑤ bítì　⑥ gānjìng

3
① shuāyá　② tóuyūn
③ yīyuàn　④ dǎzhēn
⑤ dùzi　⑥ shūfu

4

4과

2
① xīwàng　② lǐxiǎng
③ měimèng　④ jiǎngxuéjīn
⑤ zhǎngdà　⑥ yǐhòu

3
① yōuxiù　② yǎnyuán
③ chéngwéi　④ dāngrán
⑤ zǒngtǒng　⑥ kǎoshì

4
① 科学家 kēxuéjiā
② 音乐家 yīnyuèjiā
③ 空中小姐 kōngzhōng xiǎojiě

5
① ② ③

5과

2
① dàifu ② yínháng
③ gōngzuò ④ shàngxué
⑤ péngyou ⑥ hùshi

3
① shūdiàn ② chúshī
③ fàndiàn ④ gōngwùyuán
⑤ jǐngchá ⑥ zhōngxué

4
① ② ③ ④

 6과

2
① gāngqín ② àihào
③ wéiqí ④ wǔtáijù
⑤ chànggē ⑥ dònghuàpiān

3
① tècháng ② tiàowǔ
③ xià ④ huà huàr
⑤ jíyóu ⑥ tán

4
① 唱歌 chànggē
② 跳舞 tiàowǔ
③ 弹钢琴 tán gāngqín

5
① ②

 7과

2
① diànnǎo ② jì xìn
③ xǐzǎo ④ kètīng
⑤ shāngdiàn ⑥ dōngxi

3
① pīntú ② niúnǎi
③ zuòcài ④ diànshì
⑤ zài ⑥ yínháng

4
① ② ③ ④

8과

2
① jiāoyóu ② yíxià
③ zhǎo ④ dòngwùyuán
⑤ qǐng ⑥ bú zài

3
① bǔxíbān ② gōngyuán
③ shāngchǎng ④ yíhuìr
⑤ dǎcuò ⑥ zhōumò

4
① 公园 gōngyuán
② 百货商场 bǎihuò shāngchǎng
③ 动物园 dòngwùyuán

5
① 我就是 Wǒ jiù shì
② 对不起，你打错了。
　　Duìbuqǐ, nǐ dǎcuò le.

9과

2
① píxié ② mǐfàn
③ háishi ④ kùzi
⑤ chá ⑥ yùndòngxié

3
① xiézi ② qúnzi
③ miànbāo ④ huángsè
⑤ máoyī ⑥ guǒzhī

4
① ② ③ ④

10과

2
① liányīqún ② yóunì
③ Chángchéng ④ dàngāo
⑤ búguò ⑥ yǒudiǎnr

3
① yóutǐng ② chǎoniángāo
③ Zhōngguócài ④ yóuxì

4
① 连衣裙 liányīqún
② 游艇 yóutǐng
③ 蛋糕 dàngāo

5
① 没去过。 Méi qù guo.
② 我吃过中国菜。
　　Wǒ chī guo Zhōngguócài.

11과

2
① diào yú ② dízi
③ yìsi ④ xiǎoshí

3
① duōcháng shíjiān
② yǔmáoqiú

4
① ② ③ ④

12과

2
① wénjùdiàn ② yǐzi
③ yìzhí ④ shūbāo
⑤ wǎng ⑥ huǒchēzhàn

3
① chōuti ② zhuōzi
③ wǎngbā ④ bàozhǐ
⑤ chāoshì ⑥ qiánbiānr(qiánbianr)

4
① 火车站 huǒchēzhàn
② 文具店 wénjùdiàn
③ 药店 yàodiàn

5
① 有词典。 Yǒu cídiǎn.
② 有书包。 Yǒu shūbāo.

기본을 확실하게 잡아주는

씨앤톡
주니어
중국어 2

와! 중국어
정말 재미있다!

워크북

제1과 | 我喜欢春天。

1 에 알맞은 한어병음을 쓰고 성조를 표기해 보세요.

① 秋天　　qi　ti　n
　　가을

② 暖和　　nu　n h　o
　　따뜻하다

2 다음 한국어에 해당하는 중국어와 발음을 써 보세요.

① 계절

② 날씨

3 서로 맞는 것끼리 바르게 연결하세요.

① 비가 오다　•　　• 刮风 •　　• liángkuai

② 바람이 불다　•　　• 凉快 •　　• xiàyǔ

③ 시원하다　•　　• 下雨 •　　• guāfēng

2

4 말풍선에 있는 말을 중국어로 바꿔 보세요.

① _____ 。

겨울 날씨는 매우 추워.

② _____ 。

어제는 비가 내렸어.

③ _____ 。

여름 날씨는 매우 더워.

④ _____ 。

나는 가을을 좋아해.

3

5   질문에 맞게 대화를 완성해 보세요.

① 你喜欢哪个季节？
   Nǐ xǐhuan nǎ ge jìjié?

                                          。

② 韩国的夏天天气怎么样？
   Hánguó de xiàtiān tiānqì zěnmeyàng?

                                          。

③ 昨天天气好不好？
   Zuótiān tiānqì hǎo bu hǎo?

                                          。

④ 你喜欢冬天吗？
   Nǐ xǐhuan dōngtiān ma?

                                          。

暖和 nuǎnhuo 따뜻하다 • 暖 따뜻할 난 • 和 화목할 화	暖暖暖暖暖暖暖暖暖暖暖暖暖 和和和和和和和和		

可能 kěnéng 아마도 • 可 옳을 가 • 能 능할 능	可可可可可 能能能能能能能能能能		

热 rè 덥다 • 熱 더울 열	热热热热热热热热热热		

冷 lěng 춥다 • 冷 찰 랭	冷冷冷冷冷冷冷		

凉快 liángkuai 시원하다 • 凉 서늘할 량 • 快 쾌할 쾌	凉凉凉凉凉凉凉凉 快快快快快快快		

1 □□에 알맞은 한어병음을 쓰고 성조를 표기해 보세요.

① 外面   w □ imi □ n
   밖

② 一定   y □ d □ ng
   반드시

③ 运动   y □ n d □ ng
   운동

2 다음 그림에 해당하는 중국어와 발음을 써 보세요.

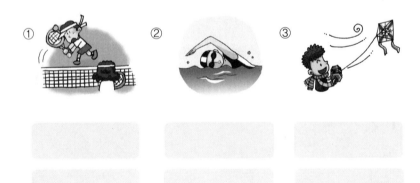

① ② ③

3 그림에 있는 말풍선을 보고 중국어로 문장을 만들어 보세요.

① _____ 。

난 눈사람 만드는 걸 좋아해.

② _____ 。

난 축구하는 걸 좋아해.

③ _____ 。

난 눈싸움을 좋아해.

④ _____ 。

난 탁구치는 거 싫어해.

4 다음 문장을 한국어로 해석해 보세요.

① 我们一起抓石子儿, 好吗?
Wǒmen yìqǐ zhuā shízir, hǎo ma?

           .

② 我不爱爬山。
Wǒ bú ài páshān.

           .

③ 我们去打雪仗, 好不好?
Wǒmen qù dǎ xuězhàng, hǎo bu hǎo?

           ?

④ 我朋友喜欢滑雪。
Wǒ péngyou xǐhuan huáxuě.

           .

⑤ 一定很好玩儿。
Yídìng hěn hǎowánr.

           .

漂亮 piàoliang 예쁘다 漂 떠다닐 표 · 亮 밝을 량	漂漂漂漂漂漂漂漂 亮亮亮亮亮亮亮亮亮		

滑雪 huáxuě 스키 타다 滑 미끄러울 활 · 雪 눈 설	滑滑滑滑滑滑滑滑滑滑滑滑 雪雪雪雪雪雪雪雪雪雪雪		

打 dǎ 하다 打 칠 타	打打打打打			

运动 yùndòng 운동 運 움직일 운 · 動 움직일 동	运运运运运运运 动动动动动动		

足球 zúqiú 축구 足 발 족 · 球 공 구	足足足足足足足 球球球球球球球球球球球		

我最怕打针。

1　에 알맞은 한어병음을 쓰고 성조를 표기해 보세요.

① 洗脸　　x　li　n
세수하다

② 打针　　d　zh　n
주사 맞다

③ 咳嗽　　k　s　u
기침하다

2　그림에 맞는 중국어와 발음을 써 보세요.

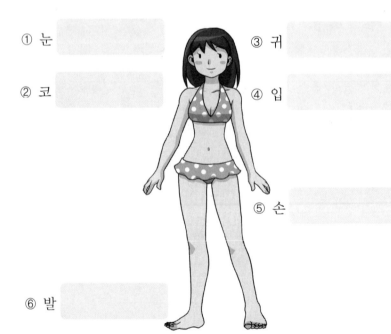

① 눈

② 코

③ 귀

④ 입

⑤ 손

⑥ 발

3 그림에 있는 말풍선을 보고 대화를 완성해 보세요.

① A 奶奶, 你哪儿不舒服?
　　 Nǎinai, nǐ nǎr bù shūfu?

열이 나고 머리가 아파.

　 B ＿＿＿＿＿＿＿＿＿＿＿＿＿＿＿ 。

② A 你怎么了?
　　 Nǐ zěnme le?

배가 아파.

　 B ＿＿＿＿＿＿＿＿＿＿＿＿＿＿＿ 。

③ A ＿＿＿＿＿＿＿＿＿＿＿＿＿＿＿ 。

양치하렴.

　 B 我马上就去。
　　 Wǒ mǎshàng jiù qù.

④ A 你身体不舒服吗?
　　 Nǐ shēntǐ bù shūfu ma?

콧물이 나고 기침이 나.

　 B ＿＿＿＿＿＿＿＿＿＿＿＿＿＿＿ 。

4 다음 한국어를 중국어로 써 보세요.

① 난 감기 걸렸어.

                                                        。

② 너 병원에 한번 가 보아라.

                                                        。

③ 내 여동생은 주사 맞는 걸 가장 무서워한다.

                                                        。

④ 너 어디 아프니?

                                                        ?

⑤ 언니는 깨끗한 걸 가장 좋아해.

                                                        。

头 tóu 머리 頭 머리 두	头 头 头 头 头			

医院 yīyuàn 병원 醫 의원 의 院 집 원	医 医 医 医 医 医 医		
	院 院 院 院 院 院 院 院 院 院		

对 duì 맞다 對 대답할 대	对 对 对 对 对		

洗手 xǐshǒu 손을 씻다 洗 씻을 세 手 손 수	洗 洗 洗 洗 洗 洗 洗 洗 洗		
	手 手 手 手		

等 děng 기다리다 等 무리 등	等 等 等 等 等 等 等 等 等 等 等		

1 　 에 알맞은 한어병음을 쓰고 성조를 표기해 보세요.

① 奖学金　　ji　ng xu　j　n
장학금

② 成真　　　ch　ng zh　n
이루어지다

③ 空中　　　k　ng zh　ng
공중

2 　 서로 맞는 것끼리 바르게 연결하세요.

① 演员 •　　• chúshī •　　• 화가

② 优秀 •　　• huàjiā •　　• 요리사

③ 画家 •　　• yǎnyuán •　　• 우수하다

④ 厨师 •　　• yōuxiù •　　• 연예인

3 그림에 있는 말풍선을 보고 중국어로 대화를 완성하세요.

① A **你的理想是什么？**
Nǐ de lǐxiǎng shì shénme?

B _____。

② A **希望你美梦成真。**
Xīwàng nǐ měimèng chéngzhēn.

B _____。

③ A **你长大了想干什么？**
Nǐ zhǎngdà le xiǎng gàn shénme?

B _____。

④ A **你以后想干什么？**
Nǐ yǐhòu xiǎng gàn shénme?

B _____。

4 다음 문장을 한국어로 해석해 보세요.

① 希望你成为优秀的音乐家。
Xīwàng nǐ chéngwéi yōuxiù de yīnyuèjiā.

.

② 我想当空中小姐。
Wǒ xiǎng dāng kōngzhōng xiǎojiě.

.

③ 希望你考试得第一名。
Xīwàng nǐ kǎoshì dé dì-yī míng.

.

쓰기연습

理想
lǐxiǎng

꿈

•理 다스릴 리 •想 생각 상

理理理理理理理理理理理

想想想想想想想想想想想想想

当
dāng

~가 되다

•當 마땅할 당

当当当当当当

希望
xīwàng

바라다

•希 바랄 희 •望 바랄 망

希希希希希希希

望望望望望望望望望望望

成真
chéngzhēn

이루어지다

•成 이룰 성 •眞 참 진

成成成成成成成

真真真真真真真真真真

考试
kǎoshì

시험보다

•考 상고할 고 •試 시험 시

考考考考考考

试试试试试试试试

1　□에 알맞은 한어병음을 쓰고 성조를 표기해 보세요.

① 公务员　g □ ng w □ yu □ n
공무원

② 护士　h □ sh □
간호사

③ 药店　y □ o di □ n
약국

2　그림에 맞는 직업을 중국어로 써 보세요.

①

②

③

3 그림에 있는 말풍선을 보고 중국어로 대화를 완성하세요.

① A **你爸爸在哪儿工作?**
　　 Nǐ bàba zài nǎr gōngzuò?

　 B _____ 。

우리 아빠는 병원에서 일해.

② A **你姐姐做什么工作?**
　　 Nǐ jiějie zuò shénme gōngzuò?

　 B _____ 。

우리 언니는 간호사야.

③ A **你哥哥在哪儿工作?**
　　 Nǐ gēge zài nǎr gōngzuò?

　 B _____ 。

우리 형은 식당에서 일해.

④ A **他哥哥做什么工作?**
　　 Tā gēge zuò shénme gōngzuò?

　 B _____ 。

그의 형은 선생님이야.

4 다음 질문에 중국어로 대답해 보세요.

① 你爸爸做什么工作?
Nǐ bàba zuò shénme gōngzuò?

。

② 你妈妈在哪儿工作?
Nǐ māma zài nǎr gōngzuò?

。

③ 你在哪儿上学?
Nǐ zài nǎr shàngxué?

。

④ 你爸爸在哪儿工作?
Nǐ bàba zài nǎr gōngzuò?

。

工作 **gōngzuò** 일, 일하다 ●工 장인공 ●作 지을 작	工 工 工 作 作 作 作 竹 作 作		

护士 **hùshi** 간호사 ●護 보호할 호 ●士 선비 사	护 护 护 护 护 护 护 士 士 士		

银行 **yínháng** 은행 ●銀 은은 ●行 다닐 행	银 银 银 银 银 银 银 银 银 银 银 行 彳 行 行 行 行		

警察 **jǐngchá** 경찰 ●警 경계할 경 ●察 살필 찰	警 警 警 警 警 警 警 警 警 警 警 警 警 警 警 警 警 警 察 察 察 察 察 察 察 察 察 察 察 察 察		

书店 **shūdiàn** 서점 ●書 글 서 ●店 가게 점	书 书 书 书 店 店 店 店 店 店 店 店		

21

제6과 | 我的爱好是看电影。

1 　　에 알맞은 한어병음을 쓰고 성조를 표기해 보세요.

① 舞台剧
뮤지컬
    w　t　i j

② 围棋
바둑
    w　iq

③ 动画片
만화영화
    d　nghu　pi　n

2 서로 맞는 것끼리 바르게 연결하세요.

① 画画儿 •   • 우표수집   • jíyóu

② 小提琴 •   • 플룻   • huàhuàr

③ 集邮 •   • 그림그리기   • xiǎotíqín

④ 长笛 •   • 바이올린   • chángdí

3 그림에 있는 말풍선을 보고 중국어로 대화를 완성하세요.

① A **你有什么爱好？**
Nǐ yǒu shénme àihào ?

B _____ 。

내 취미는
사진 찍는 거야.

② A **你有什么特长？**
Nǐ yǒu shénme tècháng?

B _____ 。

내 특기는 춤
추는 거야.

③ A **你有什么特长？**
Nǐ yǒu shénme tècháng?

B _____ 。

나의 특기는 피아노
치는 거야.

④ A **你的爱好是什么？**
Nǐ de àihào shì shénme?

B _____ 。

내 취미는
독서야.

4 다음 문장을 한국어로 해석해 보세요.

① 我的爱好是看动画片。
　 Wǒ de àihào shì kàn dònghuàpiàn.

　 ＿＿＿＿＿＿＿＿＿＿＿＿＿＿＿＿＿＿．

② 我姐姐的特长是画画儿。
　 Wǒ jiějie de tècháng shì huà huàr.

　 ＿＿＿＿＿＿＿＿＿＿＿＿＿＿＿＿＿＿．

5 다음 질문에 중국어로 대답해 보세요.

① 你的爱好是什么？
　 Nǐ de àihào shì shénme?

　 ＿＿＿＿＿＿＿＿＿＿＿＿＿＿＿＿＿＿。

② 你的特长是什么？
　 Nǐ de tècháng shì shénme?

　 ＿＿＿＿＿＿＿＿＿＿＿＿＿＿＿＿＿＿。

集邮 jíyóu 우표수집 ●集 모일 집 ●邮 역참 우	ノ イ 亻 亻 广 仁 住 住 佳 隹 集 集 邮 邱 邮 邮 邮 邮 邮		

围棋 wéiqí 바둑 ●围 둘레 위 ●棋 바둑 기	围 围 围 围 围 围 围 棋 棋 棋 棋 棋 棋 棋 棋 棋 棋 棋		

画 huà 그리다 ●画 그림 화	画 画 画 画 画 画 画 画			

唱歌 chànggē 노래 부르다 ●唱 부를 창 ●歌 노래 가	唱 唱 唱 唱 唱 唱 唱 唱 唱 唱 唱 歌 歌 歌 歌 歌 歌 歌 歌 歌 歌 歌		

跳舞 tiàowǔ 춤 추다 ●跳 뛸 도 ●舞 춤출 무	跳 跳 跳 跳 跳 跳 跳 跳 舞 舞 舞 舞 舞 舞 舞 舞 舞 舞 舞 舞 舞		

1   에 알맞은 한어병음을 쓰고 성조를 표기해 보세요.

① 东西   d 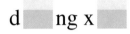ng x
   물건

② 洗澡   x   z   o
   목욕하다

③ 客厅   k   t   ng
   거실

2   다음 한국어에 해당하는 중국어와 발음을 써 보세요.

① 우체국

② 상점

③ 컴퓨터

④ 텔레비전

3 그림을 보고 중국어로 대화를 완성하세요.

① A **你在哪儿?**
   Nǐ zài nǎr?

   B _____ 。

② A **你妹妹在干什么?**
   Nǐ mèimei zài gàn shénme?

   B _____ 。

③ A **妈妈在干什么?**
   Māma zài gàn shénme?

   B _____ 。

④ A **你在邮局做什么?**
   Nǐ zài yóujú zuò shénme?

   B _____ 。

4 다음 문장을 한국어로 해석해 보세요.

① 哥哥在洗澡。
   Gēge zài xǐzǎo.

   　　　　　　　　　　　　　　　　　　.

② 妹妹在玩拼图。
   Mèimei zài wánr pīntú.

   　　　　　　　　　　　　　　　　　　.

③ 奶奶在银行存钱。
   Nǎinai zài yínháng cúnqián.

   　　　　　　　　　　　　　　　　　　.

④ 爷爷在商店买东西。
   Yéye zài shāngdiàn mǎi dōngxi.

   　　　　　　　　　　　　　　　　　　.

⑤ 我女朋友在书店看书。
   Wǒ nǚpéngyou zài shūdiàn kàn shū.

   　　　　　　　　　　　　　　　　　　.

寄信	寄寄寄寄寄寄寄寄寄寄寄		
jì xìn	信信信信信信信信信		
편지를 부치다			
寄 부칠 기 · 信 믿을 신			

做菜	做做做做做做做做做做		
zuò cài	菜菜菜菜菜菜菜菜		
요리하다			
做 지을 주 · 菜 나물 채			

电视	电电电电电		
diànshì	视视视视视视视视		
텔레비전			
電 번개 전 · 視 볼 시			

商店	商商商商商商商商商商		
shāngdiàn	店店店店店店店店		
상점			
商 장사 상 · 店 가게 점			

拼图	拼拼拼拼拼拼拼拼拼		
pīntú	图图图图图图图图		
퍼즐게임			
拼 붙일 병 · 圖 그림 도			

29

제8과 | 喂! 丹丹在家吗?

1 ▢에 알맞은 한어병음을 쓰고 성조를 표기해 보세요.

① 一会儿   y▢ hu▢ r
잠시

② 郊游   ji▢ oy▢ u
소풍가다

③ 百货商场   b▢ ihu▢ sh▢ ng ch▢ ng
백화점

2 서로 맞는 것끼리 바르게 연결하세요.

① 位   •   • 잠시   •   • yíxià

② 找   •   • 분   •   • cuò

③ 一下   •   • 틀리다   •   • wèi

④ 错   •   • 찾다   •   • zhǎo

3 그림에 있는 말풍선을 보고 중국어로 대화를 완성하세요.

① A  ?

   B 我就是。
      Wǒ jiù shì.

여보세요! 단단 집에 있어요?

② A 喂! 是汉语补习班吗?
      Wéi! Shì Hànyǔ bǔxíbān ma?

   B  。

미안합니다. 잘못 걸었습니다.

③ A 明天我们去动物园，你去不去?
      Míngtiān wǒmen qù dòngwùyuán, nǐ qù bu qù?

   B  。

안 갈래.

④ A   ?

   B 去。
      Qù.

나 백화점 갈 건데 너 갈래?

4 다음 문장을 한국어로 해석해 보세요.

① 星期天我们去动物园，你去不去？
Xīngqītiān wǒmen qù dòngwùyuán, nǐ qù bu qù?

                                                                    ?

② 这个周末我们去郊游，你去不去？
Zhè ge zhōumò wǒmen qù jiāoyóu, nǐ qù bu qù?

                                                                    ?

③ 明天下午我们去公园，你去不去？
Míngtiān xiàwǔ wǒmen qù gōngyuán, nǐ qù bu qù?

                                                                    ?

④ 明天我去逛百货商场，你去不去？
Míngtiān wǒ qù guàng bǎihuò shāngchǎng, nǐ qù bu qù?

                                                                    ?

쓰기연습

位 wèi 분(양사) ●位 자리 위	位位位位位位位				

请 qǐng ~하세요 ●請 청할 청	请请请请请请请请请请				

找 zhǎo 찾다 ●找 찾을 조	找找找找找找找				

公园 gōngyuán 공원 ●公 공변될 공　●園 동산 원	公公公公 园园园园园园园		

动物 dòngwù 동물 ●動 움직일 동　●物 물건 물	动动动动动动 物物物物物物物物		

33

1 　　　에 알맞은 한어병음을 쓰고 성조를 표기해 보세요.

① 运动鞋　　y　　nd　　ng xi
운동화

② 一双　　　y　　shu　　ng
한 켤레

③ 圆珠笔　　yu　　nzh　　b
볼펜

2 다음 한국어에 해당하는 중국어와 발음을 써 보세요.

① 노란색

② 검은색

③ 초록색

④ 분홍색

⑤ 흰색

3 그림을 보고 중국어로 대화를 완성하세요.

① A **你要买什么?**
    Nǐ yào mǎi shénme?

   B _____ 。

저는 바지를 한 벌
사려고 합니다.

② A **你喝果汁还是喝茶?**
    Nǐ hē guǒzhī háishi hē chá?

   B _____ 。

난 주스 마실
거야.

③ A **你要买什么?**
    Nǐ yào mǎi shénme?

   B _____ 。

모자를 하나
사려고 합니다.

④ A **你吃蛋糕还是吃面包?**
    Nǐ chī dàngāo háishi chī miànbāo?

   B _____ 。

난 케이크
먹을 거야.

4 다음 문장을 한국어로 해석해 보세요.

① 我要买红色的帽子。
Wǒ yào mǎi hóngsè de màozi.

      .

② 你穿皮鞋还是穿运动鞋？
Nǐ chuān píxié háishi chuān yùndòngxié?

      ?

③ 我要买两件毛衣、三条裙子。
Wǒ yào mǎi liǎng jiàn máoyī、sān tiáo qúnzi.

      .

5 다음 한국어를 중국어로 써 보세요.

① 나는 파란색 치마를 좋아한다.

      。

② 또 다른 것이 필요합니까?

      ?

买 **mǎi** 사다 ●**買** 살 매	买买买买买买				

红色 **hóngsè** 빨간색 ●**紅** 붉을 홍 ●**色** 빛 색	红红红红红红 色色色色色色	

件 **jiàn** 벌(양사) ●**件** 사건 건	件件件件件件				

毛衣 **máoyī** 스웨터 ●**毛** 털 모 ●**衣** 옷 의	毛毛毛毛 衣衣衣衣衣衣	

米饭 **mǐfàn** 쌀밥 ●**米** 쌀 미 ●**飯** 밥 반	米米米米米米 饭饭饭饭饭饭饭	

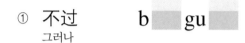

제 10 과 | 我吃过中国菜。

1 　　　에 알맞은 한어병음을 쓰고 성조를 표기해 보세요.

① 不过　　　b　　gu　　
그러나

② 油腻　　　y　　un　　
느끼하다

③ 有点儿　　y　　udi　　nr
조금

3 서로 맞는 것끼리 바르게 연결하세요.

① 厚　　　•　　　•　얇다　　•　　　• rè

② 短　　　•　　　•　두껍다　•　　　• báo

③ 热　　　•　　　•　낮다　　•　　　• duǎn

④ 薄　　　•　　　•　덥다　　•　　　• hòu

⑤ 低　　　•　　　•　짧다　　•　　　• dī

3 말풍선의 대화를 중국어로 완성해 보세요.

① A [   ] ?

너 일본에 가 봤니?

안 가 봤어.

B 没去过。
Méi qù guo.

② A 蛋糕好吃吗？
Dàngāo hǎochī ma?

맛있기는 한데 너무 달아.

B [   ] 。

③ A 你坐过游艇吗？
Nǐ zuò guo yóutǐng ma?

타 봤어.

B [   ] 。

④ A 这条连衣裙好看吗？
Zhè tiáo liányīqún hǎokàn ma?

예쁘기는 한데 너무 길어.

B [   ] 。

39

4 다음 문장을 한국어로 해석해 보세요.

① 你玩过电脑游戏吗？

Nǐ wánr guo diànnǎo yóuxì ma?

_____?

② 吃炒年糕，好不好？

Chī chǎoniángāo, hǎo bu hǎo?

_____?

③ 好吃是好吃，不过有点儿油腻。

Hǎochī shì hǎochī, búguò yǒudiǎnr yóunì.

_____.

5 다음 한국어를 중국어로 써 보세요.

① 중국 요리는 맛있니?

_____?

② 넌 미국에 가본 적 있니?

_____?

长城 Chángchéng 만리장성 • 長 길 장 • 城 성 성	长 长 长 长 城 城 城 城 城 城 城 城 城		

炒 chǎo 볶다 • 炒 볶을 초	炒 炒 炒 炒 炒 炒 炒 炒		

辣 là 맵다 • 辣 매울 랄	辣 辣 辣 辣 辣 辣 辣 辣 辣 辣 辣 辣 辣 辣		

蛋糕 dàngāo 케이크 • 蛋 새알 단 • 糕 떡 고	蛋 蛋 蛋 蛋 蛋 蛋 蛋 蛋 蛋 蛋 蛋 糕 糕 糕 糕 糕 糕 糕 糕 糕 糕 糕 糕 糕 糕 糕 糕		

甜 tián 달다 • 甜 달 첨	甜 甜 甜 甜 甜 甜 甜 甜 甜 甜		

제11과 │ 汉语很有意思。

1 ▨ 에 알맞은 한어병음을 쓰고 성조를 표기해 보세요.

① 分钟   f▨nzh▨ng
    ~분간

② 小时   xi▨osh▨
    ~시간

③ 意思   y▨ s▨
    뜻

2 다음 그림에 해당하는 중국어와 발음을 써 보세요.

①    ②   ③

3 그림을 보고 중국어로 대화를 완성하세요.

① A 钓鱼，有意思吗?
　　Diàoyú, yǒu yìsi ma?

B ＿＿＿＿＿＿＿＿＿＿ 。

재미없어.

② A 吹笛子，有没有意思?
　　Chuī dízi, yǒu méiyǒu yìsi?

B ＿＿＿＿＿＿＿＿＿＿ 。

재미있어.

③ A 你玩了多长时间?
　　Nǐ wánr le duōcháng shíjiān?

B ＿＿＿＿＿＿＿＿＿＿ 。

나 30분 동안
놀았어.

④ A ＿＿＿＿＿＿＿＿＿＿ ?

배드민턴 하는 게
재미있니?

B 不太有意思。
　　Bú tài yǒu yìsi.

4   다음 한국어 문장을 중국어로 완성해 보세요.

①   넌 무엇을 공부하니?

                                                           ?

②   중국어는 어렵니 어렵지 않니?

                                                           ?

③   넌 얼마동안 공부했니?

                                                           ?

④   난 두 달 공부했어.

                                                           。

⑤   난 한 시간 반 동안 봤어.

                                                           。

难	难 难 难 难 难 难 难 难 难 难				
nán					
어렵다					
難 어려울 난					

意思	意 意 意 意 意 意 音 音 音 意 意 意 意 思 思 思 思 思 思 思 思 思		
yìsi			
뜻			
意 뜻 의　思 생각 사			

吹	吹 吹 吹 吹 吹 吹 吹				
chuī					
불다					
吹 불 취					

分钟	分 分 分 分 钟 钟 钟 钟 钟 钟 钟 钟 钟		
fēnzhōng			
～분간			
分 나눌 분　鐘 쇠북 종			

小时	小 小 小 时 时 时 时 时 时 时		
xiǎoshí			
～시간			
小 작을 소　時 때 시			

제 12 과 | **请问，文具店在哪儿?**

1 　 에 알맞은 한어병음을 쓰고 성조를 표기해 보세요.

① 旁边儿　　p ngbi nr
　 옆

② 小吃店　　xi och di n
　 분식점

③ 一直　　　y zh
　 계속, 쭉

2 　 서로 맞는 것끼리 바르게 연결하세요.

① 到　　　•　　　• 오른쪽　　•　　• guǎi

② 拐　　　•　　　• ~로　　　•　　• wǎng

③ 右边儿　•　　　• 돌다　　　•　　• dào

④ 往　　　•　　　• 도착하다　•　　• yòubianr

3 말풍선의 대화를 중국어로 완성해 보세요.

① A _____ ?

너의 집은 어디에 있니?

B 我家在药店旁边儿。
Wǒ jiā zài yàodiàn pángbiānr.

② A _____ ?

실례합니다. 기차역은 어떻게 갑니까?

B 到十字路口，往左拐。
Dào shízì lùkǒu, wǎng zuǒ guǎi.

③ A 桌子上有什么?
Zhuōzishang yǒu shénme?

사전이 있어.

B _____ 。

④ A 椅子下面有什么?
Yǐzi xiàmian yǒu shénme?

책가방이 있어.

B _____ 。

4 다음 문장을 한국어로 해석해 보세요.

① 文具店在学校前边儿。
Wénjùdiàn zài xuéxiào qiánbianr.

.

② 我家在超市旁边儿。
Wǒ jiā zài chāoshì pángbiānr.

.

③ 网吧就在那儿。
Wǎngbā jiù zài nàr.

.

④ 桌子上有我朋友的照片。
Zhuōzishang yǒu wǒ péngyou de zhàopiàn.

.

⑤ 抽屉里有漂亮的铅笔。
Chōutili yǒu piàoliang de qiānbǐ.

.

走 zǒu 가다, 걷다 走 달릴 주	走走走走走走走			

超市 chāoshì 슈퍼마켓 超 넘을 초 · 市 시장 시	超超超超超超超超超超超超 市市市市市		

书包 shūbāo 책가방 書 글 서 · 包 쌀 포	书书书书 包包包包包		

照片 zhàopiàn 사진 照 비출 조 · 片 조각 편	照照照照照照照照 片片片片		

报纸 bàozhǐ 신문 報 알릴 보 · 紙 종이 지	报报报报报报报 纸纸纸纸纸纸纸		

제1과　| 我喜欢春天。

1　① ū, ā　　② ǎ, u

2　① 季节 jìjié
　　② 天气 tiānqì

3　①　●刮风●　　●liángkuai
　　②　●凉快●　　●xiàyǔ
　　③　●下雨●　　●guāfēng

4　① 冬天天气很冷。
　　　Dōngtiān tiānqì hěn lěng.

　　② 昨天下雨了。
　　　Zuótiān xiàyǔ le.

　　③ 夏天天气很热。
　　　Xiàtiān tiānqì hěn rè.

　　④ 我喜欢秋天。
　　　Wǒ xǐhuan qiūtiān.

5　① 我喜欢 ○○。
　　　Wǒ xǐhuan ○○.

　　② 韩国的夏天天气很热。
　　　Hánguó de xiàtiān tiānqì hěn rè.

　　③ 昨天天气○○。
　　　Zuótiān tiānqì ○○.

　　④ 我喜欢冬天。
　　　Wǒ xǐhuan dōngtiān.

　　혹은　我不喜欢冬天。
　　　Wǒ bù xǐhuan dōngtiān.

제2과　| 堆雪人很好玩儿。

1　① à, a　　② í, ì　　③ ù, ò

2　① 网球 wǎngqiú
　　② 游泳 yóuyǒng
　　③ 放风争 fàng fēngzheng

3　① 我喜欢堆雪人。
　　　Wǒ xǐhuan duī xuěrén.

　　② 我喜欢踢足球。
　　　Wǒ xǐhuan tī zúqiú.

　　③ 我喜欢打雪仗。
　　　Wǒ xǐhuan dǎ xuězhàng.

　　④ 我不爱打乒乓球
　　　Wǒ bú ài dǎ pīngpāngqiú.

4　① 우리 같이 공기놀이 하자, 어때?
　　② 나는 등산을 싫어해.
　　③ 우리 눈싸움하러 가자, 어때?
　　④ 내 친구는 스키 타는 것을 좋아해.
　　⑤ 분명 재미있을 거야.

제 3 과   **我最怕打针。**

1. ① ǐ, ǎ   ② ǎ, ē   ③ é, o

2 ① 眼睛 yǎnjing   ② 鼻子 bízi
  ③ 耳朵 ěrduo   ④ 嘴 zuǐ
  ⑤ 手 shǒu   ⑥ 脚 jiǎo

3 ① 我发烧，头疼。
    Wǒ fāshāo, tóuténg.

  ② 我肚子疼。
    Wǒ dùzi téng.

  ③ 你去刷牙吧。
    Nǐ qù shuā yá ba.

  ④ 我流鼻涕，咳嗽。
    Wǒ liú bítì,   késou.

4 ① 我感冒了。
    Wǒ gǎnmào le.

  ② 你去医院看看吧。
    Nǐ qù yīyuàn kànkan ba.

  ③ 我妹妹最怕打针。
    Wǒ mèimei zuì pà dǎzhēn.

  ④ 你身体不舒服吗？
    Nǐ shēntǐ bù shūfu ma?

  ⑤ 我姐姐最爱干净。
    Wǒ jiějie zuì ài gānjìng.

제 4 과   **你的理想是什么？**

1 ① ǎ, é, ī   ② é, ē   ③ ō, ō

2

3 ① 我的理想是科学家。
    Wǒ de lǐxiǎng shì kēxuéjiā.

  ② 但愿如此。
    Dànyuàn rúcǐ.

  ③ 我想当歌手。
    Wǒ xiǎng dāng gēshǒu.

  ④ 我想当警察。
    Wǒ xiǎng dāng jǐngchá.

4 ① 네가 훌륭한 음악가가 되면 좋겠어.
  ② 나는 스튜어디스가 되고 싶어.
  ③ 네가 시험에서 일등하면 좋겠어.

第5과 我妈妈是护士。

1 ① ō, ù, á ② ù, i ③ à, à

2 ① 大夫 dàifu
 ② 厨师 chúshī
 ③ 警察 jǐngchá

3 ① 我爸爸在医院工作。
 Wǒ bàba zài yīyuàn gōngzuò.

 ② 我姐姐是护士。
 Wǒ jiějie shì hùshi.

 ③ 我哥哥在餐厅工作。
 Wǒ gēge zài cāntīng gōngzuò.

 ④ 他哥哥是老师。
 Tā gēge shì lǎoshī.

4 ① 我爸爸是○○。
 Wǒ bàba shì ○○.

 ② 我妈妈在○○工作。
 Wǒ māma zài ○○ gōngzuò.

 ③ 我在○○上学。
 Wǒ zài ○○ shàngxué.

 ④ 我爸爸在○○工作。
 Wǒ bàba zài ○○ gōngzuò.

第6과 我的爱好是看电影。

1 ① ǔ, á, ù ② é, í ③ ò, à, à

2 ① 우표수집 —— jíyóu
 ② 플룻 —— huàhuàr
 ③ 그림그리기 —— xiǎotíqín
 ④ 바이올린 —— chángdí

3 ① 我的爱好是拍照。
 Wǒ de àihào shì pāizhào.

 ② 我的特长是跳舞。
 Wǒ de tècháng shì tiàowǔ.

 ③ 我的特长是弹钢琴。
 Wǒ de tècháng shì tán gāngqín.

 ④ 我的爱好是看书。
 Wǒ de àihào shì kàn shū.

4 ① 내 취미는 만화영화를 보는 거야.
 ② 우리 언니의 특기는 그림그리기야.

5 ① 我的爱好是○○。
 Wǒ de àihào shì ○○.

 ② 我的特长是○○。
 Wǒ de tècháng shì ○○.

52

제7과　你在邮局做什么?

1　① ō, i　　② ǐ, ǎ　　③ è, ī

2　① 邮局　yóujú

　② 商店　shāngdiàn

　③ 电脑　diànnǎo

　④ 电视　diànshì

3　① 我在银行。
　　　Wǒ zài yínháng.

　② 她在玩拼图。
　　　Tā zài wánr pīntú.

　③ 她在画画儿。
　　　Tā zài huà huàr.

　④ 我在邮局寄信。
　　　Wǒ zài yóujú jì xìn.

4　① 형은 목욕하고 있다.
　② 여동생은 퍼즐게임을 하고 있다.
　③ 할머니는 은행에서 저금을 한다.
　④ 할아버지는 상점에서 물건을 산다.
　⑤ 내 여자 친구는 서점에서 책을 본다.

제8과　喂! 丹丹在家吗?

1　① í, ì　　② ā, ó　　③ ǎ, ò, ā, ǎ

2　
① ── 잠시 ── yíxià
② ── 분 ── cuò
③ ── 틀리다 ── wèi
④ ── 찾다 ── zhǎo

3　① 喂! 丹丹在家吗?
　　　Wéi! Dāndān zài jiā ma?

　② 对不起，你打错了。
　　　Duìbuqǐ,　nǐ dǎcuò le.

　③ 我不去。
　　　Wǒ bú qù.

　④ 我去逛百货商场，你去不去?
　　　Wǒ qù guàng bǎihuò shāngchǎng,
　　　nǐ qù bu qù?

4　① 일요일에 우리 동물원에 갈건데 너 갈래?
　② 이번 주말에 우리 소풍 갈건데 너 갈래?
　③ 내일 오후 우리 공원에 갈건데 너 갈래?
　④ 내일 나 백화점에 갈건데 너 갈래?

제9과 我要买一顶帽子。

1 ① ù, ò, é   ② ì, ā   ③ á, ū, ǐ

2 ① 黄色 huángsè

   ② 黑色 hēisè

   ③ 绿色 lǜsè

   ④ 粉红色 fěnhóngsè

   ⑤ 白色 báisè

3 ① 我要买一条裤子。
   Wǒ yào mǎi yì tiáo kùzi.

   ② 我喝果汁。
   Wǒ hē guǒzhī.

   ③ 我要买一顶帽子。
   Wǒ yào mǎi yì dǐng màozi.

   ④ 我吃蛋糕。
   Wǒ chī dàngāo.

4 ① 나는 빨간색 모자를 사려고 합니다.

   ② 너 구두 신을래 아니면 운동화 신을래?

   ③ 나는 스웨터 두 벌과 치마 세 벌을 사려
      고 합니다.

5 ① 我喜欢蓝色的裙子。
   Wǒ xǐhuan lánsè de qúnzi.

   ② 还要别的吗?
   Hái yào biéde ma?

제10과 我吃过中国菜。

1 ① ú, ò   ② ó, ì   ③ ǒ, ǎ

2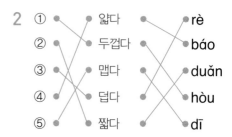

3 ① 你去过日本吗?
   Nǐ qù guo Rìběn ma?

   ② 好吃是好吃, 不过太甜了。
   Hǎochī shì hǎochī, búguò tài tián le.

   ③ 坐过。
   Zuò guo.

   ④ 好看是好看，不过太长了。
   Hǎokàn shì hǎokàn, búguò tài cháng le.

4 ① 너 컴퓨터 게임 해봤니?

   ② 떡볶이 먹자, 어때?

   ③ 맛있기는 한데 조금 느끼해.

5 ① 中国菜好吃吗?
   Zhōngguócài hǎochī ma?

   ② 你去过长美国吗?
   Nǐ qù guo Měiguó ma?

54

제 11 과　**汉语很有意思。**　　　제 12 과　**请问，文具店在哪儿?**

1　① ē, ō　　② ǎ, í　③ ì, i

2　① 钓鱼　diào yú

　　② 吹笛子 chuī dízi

　　③ 羽毛球 yǔmáoqiú

3　① 没意思。
　　　Méi yìsi.

　　② 有意思。
　　　Yǒu yìsi.

　　③ 我玩了三十分钟。
　　　Wǒ wánr le sānshí fēnzhōng

　　④ 打羽毛球，有意思吗?
　　　Dǎ yǔmáoqiú, yǒu yìsi ma?

4　① 你学什么?
　　　Nǐ xué shénme?

　　② 汉语难不难?
　　　Hànyǔ nán bu nán?

　　③ 你学了多长时间?
　　　Nǐ xué le duōcháng shíjiān?

　　④ 我学了两个月。
　　　Wǒ xué le liǎng ge yuè.

　　⑤ 我看了一个半小时。
　　　Wǒ kàn le yí ge bàn xiǎoshí.

1　① á, ā　　② ǎ, ī, à　③ ì, í

2

①	오른쪽	guǎi
②	~로	wǎng
③	돌다	dào
④	도착하다	yòubianr

3　① 你家在哪儿?
　　　Nǐ jiā zài nǎr?

　　② 请问，去火车站怎么走?
　　　Qǐngwèn, qù huǒchēzhàn zěnme zǒu?

　　③ 有词典。
　　　Yǒu cídiǎn.

　　④ 有书包。
　　　Yǒu shūbāo.

4　① 문구점은 학교 앞쪽에 있습니다.
　　② 우리집은 슈퍼 옆쪽에 있습니다.
　　③ PC방은 바로 저기에 있습니다.
　　④ 탁자 위에는 내 친구의 사진이 있습니다.
　　⑤ 서랍 안에는 예쁜 연필이 있습니다.